梁知夏君 ◎ 著

爆文写作的大变现技巧

中国友谊出版公司

图书在版编目（CIP）数据

爆文写作的 9 大变现技巧 / 梁知夏君著 . -- 北京：
中国友谊出版公司，2021.9

ISBN 978-7-5057-5262-7

Ⅰ . ①爆… Ⅱ . ①梁… Ⅲ . ①传播媒介 - 运营管理
Ⅳ . ① G206.2

中国版本图书馆 CIP 数据核字 (2021) 第 138672 号

书名	**爆文写作的 9 大变现技巧**
作者	梁知夏君
出版	中国友谊出版公司
发行	中国友谊出版公司
经销	新华书店
印刷	天津画中画印刷有限公司
规格	880×1230 毫米　32 开
	7 印张　125 千字
版次	2021 年 9 月第 1 版
印次	2021 年 9 月第 1 次印刷
书号	ISBN 978-7-5057-5262-7
定价	45.00 元
地址	北京市朝阳区西坝河南里 17 号楼
邮编	100028
电话	（010）64678009

前　言

　　我是在 2017 年年中的时候第一次接触新媒体写作，当时没钱报班的我只能靠着不断试错，硬生生走出了一条属于自己的写作之路。在探索新方向的时候，我也毫不例外地遇到了各种各样的问题，在接二连三的打击下，我不止一次地想要放弃写作这条路。

　　对于当时的我来说，放弃写作意味着什么呢？意味着我准点下班后可以好好追剧；意味着我有足够的时间去放松身心；意味着我的颈肩酸痛一去不复返；但同时也意味着我一成不变的人生继续形如死水，我内心想要倾诉的想法还是无人问津，我想要让生活变得更好的梦想只能化为泡影。

　　我不愿意，所以只能带着自我怀疑继续走下去，直到我的写作副业有所起色。

　　其实哪有那么多的天之骄子，更多的成功者就跟我一样，从 0 开始摸爬滚打，靠着熬夜写的那一个个文字垫起自己的写作梦想，并最终借助写作变现让生活变得更好。

回望埋头苦写那几年，每当在写作中碰到那些始料未及的棘手问题时，我就特别希望身边能有贵人相助，希望他们来告诉我应该如何解决问题。很可惜，我并没有遇到这样的人，所以我这一路走得委实艰难，几度举步维艰，但万幸终于守得云开见月明。

　　我走了很远的路，才将这本写作指导书送到你们的面前。这不仅是一本写作书，也是一本运营书，里面凝结的是我一路走来的收获与教训，也是一个普通人想要靠自己让生活变得好一点的期冀。

　　《爆文写作的9大变现技巧》是我出的第一本写作指导书，也许在未来很长的时间里我不会再出第二本写作书了。因为我也是从新手作者蜕变而来，很讨厌"假、大、空"的写作套路，很希望能有这样一本书真的对新手作者有所帮助。所以我必须要保证这本书里所举的每一个例子、遇到的每一个问题都来自我的亲身经历；里面讲到的每一个技巧、解释的每一个策略也都必须经过我亲测有效才行。而这需要时间的沉淀。

　　经常听到有人说："现在的写作市场已经饱和，写作已经不可能再赚钱了。"这样的话从我开始接触写作起就一直没有断过，仿佛无论什么时候开始写作都是最差的时机，但这样的观念显然是大错特错的。因为无论是处于怎样的阶段，任何一个行业都会有成功者诞生，这些成功者通常是两类人：极少部分的人是天赋异禀者；绝大多数人是顶住质疑、奋发努力，并最终坚持到最后的人。

新媒体写作的市场需求一直都是在变化的，但唯一不变的，是对内容精品化的要求。如何在同质化现象如此严重的当下，写出一篇别出心裁的文章，是这本书所要探讨的方向之一。

从文章的选题开始，到标题、素材、架构等一篇文章的方方面面，这本书里都有着相当详细的理论介绍。同时为了让新手作者更好地掌握相关知识，我还在每一个知识点的解释部分附以例证，相信在结合相应示例之后，新手作者一定会有所收获。

与市面上一般的写作指导书不一样的是，《爆文写作的9大变现技巧》还为每一个新手作者提供了平台运营方法和关于未来的写作发展规划，这是我对个人发展的复盘，也是我结合自身给每一位新手作者的建议。"不谋万世者，不足谋一时；不谋全局者，不足谋一隅。"只有从0开始时就做好全盘布局，我们的写作之路才能走得更加平稳。

而提炼在整本书9大章节中的，还有我写作数年摸索出来的小窍门和小技巧，算是我留给新手作者们在关键时刻能提供妙计的锦囊，这些都需要新手作者们在认真阅读后才能发现。

最后，我想和每一位有志于写作的读者朋友们说的是：别迷信那些所谓的万能模板和写作套路，甚至你也不能迷信这本《爆文写作的 9 大变现技巧》，这本书所能给你带来的，只不过是让你实现从 0 到 60 的突破。你可以学会如何写开头结尾、如何积累素材、如何创造选题、如何建立架构、如何运营账号、如何打造个人 IP，以及如何形成写作正循环，但你未来的写作之路能走多远，取决于你能坚持多久。

不必以我为目标，因为你只要稍稍踮起脚尖，就能与我肩并肩，甚至超过我。只要耐得住孤单，你们的未来必然璀璨辉煌。不要问成功的彼岸还有多远，你只需要知道，此时此刻，从阅读《爆文写作的 9 大变现技巧》出发即可。

目 录

CONTENTS

写作基础篇

写作技巧篇

写作变现篇

第九章

IP 意识：你远比自己想象中的更强大

写作基础篇

▶ 写作思维：成为一个成熟的写作领域打工人

▶ 写作规则：如何快速通过写作新手期？

第一章

写作思维：成为一个成熟的写作领域打工人

✒ 如何练就你的写作思维？

从我开始接触写作圈子起，有一句话耳朵都快听出老茧了，那就是："我也想写，但不知道该写啥？也不知道该怎么写？"这句话不仅常见于那些从未动过笔的新手作者，而且有相当一部分作者在经过一段时间的写作沉淀后，也会短暂出现写作无从下笔的情况。

新手作者有这样的问题可以理解，但那些有一定写作基础又出现"短暂失忆"的作者该做何解释呢？归根结底，无论是"新手小白"，还是"写作老鸟"，之所以出现这种情况，都是因为他们没能建立起写作思维。

写作思维听起来是个很空洞的概念，其实理解起来并不难。当我们想要描述一个现象，或者描写一个事物时，我们脑海里出现的第一个反应、嘴里想要说出的第一句话，就展现了我们的写作思维，更决定了这篇文章的立意高下。

写作思维就像是我们的三观一样，文章则是在我们三观影响下培养出的孩子。在我开始为大家解答如何打造写作思维之前，一个至关重要的思想观念希望各位牢牢记在心里——在不断输出的同时，也要注意定期输入新知识。

前面提到部分作者在写作一段时间后出现"短暂失忆"的现象，正是因为他们在持续输出新作品的过程中，忽略了新知识的输入。我在写第一本书《一个人，刚刚好》的时候就遇到过类似的问题，自己不知不觉间把林徽因和徐志摩的例子用了3遍，这不仅使得文章本身出现内容雷同的现象，而且会严重破坏读者的阅读观感。在发现自己因为高强度写作输出，而忽略了知识输入的时候，我选择暂停写作，并用一段时间的放空学习实现了知识充盈，这才有了《一个人，刚刚好》的诞生。

那么，我们回到写作思维的话题上来。为了让大家尽快建立起自己的写作思维，接下来我会结合自己在写作教学过程中遇到的经典难题来为大家打开思路。通常而言，对于新手作者来说，建立写作思维的第一步就是突破以下两个最基础的思维固化：字数天堑；水文陷阱。下面我来一一简要说明。

1.字数天堑

不知道大家有没有发现，自媒体写作很少有非常严格的字数要求，但基本的字数范围都在1500~3000字之间，可即便是这样的字数要求，对于新手作者来说也是难以逾越的天堑。大部分新手作者绞尽脑汁也只能写出一篇1000字上下的文章，这是绝对不达标的。字数固然与文章质量之间不绝对挂钩，但一篇千字不到的文章也几乎不可能是一篇口碑和阅读量双丰收的精品文，因为在信息增量上就不达标。

如何把文章写长？这一困扰无数新手作者的问题背后，其实是另一个更直接的问题——肚子里没货该怎么办？其实在没有足够写作沉淀的情况下，我们可以通过不断丰富一句话的内涵，让文章内容丰满起来。

举一个例子：今天天气真好。而面对"今天天气真好"这句话，不同水平的作者有不同的表达：

①今天天气真好。

②今天天气不错，空气里仿佛能闻到明媚阳光的味道。

③久违的好天气，温暖的阳光刺破阴郁许久的云层，一扫浮沉在城市中的阴霾，给所有人都带去了好心情。

④日光倾城，风也温柔，游人如织，正是出行好时节。

上述 4 个例子都是在讲天气好，但不同的作者所表达出来的意境却完全不同，随之带来的语言丰满程度也完全不同。新手作者可能只能写到"今天天气真好"，而一般作者至少在字数上能超过新手作者数倍，高阶作者则在创造意境上下了苦功，让读者能在阅读中感受到"天气好"的实感。

前 3 种表述单从字数来看，我们会发现"凑字数"其实并没有那么难，只要多一些针对主体的描述性语言，多一些宏观视角的烘托性语言，一段"色香味俱全"的语段就跃然纸上。但文章不应该只是追求字数，当我们有一定的写作基础后，我们就要思考这样一个问题了——如何用尽可能少的语句来尽可能多地描述？而上述第 4 种表达方式就回答了这个问题。

一篇文章只有带来足够大的信息量，才能够在海量文章中受到读者的青睐，所以我们既要保证在细枝末节上的着墨要少，同时又要保证不能省略掉重要信息。如何在这矛盾之中取得最优解，这是写作者要思考的问题，也就是在这样的不断摸索中，我们才能建立起让自己"写得出来"的写作思维。

2. 水文陷阱

毫无疑问，情感类文章是写作市场的绝对主流，因为这类文章对于读者和作者来说都很友好，既容易激发读者共情，而且作者写作门槛低，而这也导致海量作者投身到情感创作中去，并由此诞生了无数毫无营养、只讨论婆媳关系等狗血、无聊的家长里短文。诚然，狗血文在一定时间内能让作者获得阅读收益，但这无异于饮鸩止渴。久而久之，类似的情感水文不仅会拉低作者账号本身的水平，而且会拉低作者的写作能力。

情感类文章之所以能带来读者共鸣，靠的不是虚构狗血内容引发读者愤慨，而是用贴近读者生活的细节和情感流露，让读者产生身心共鸣。读者在阅读一篇文章的时候，发现这篇文章的内容与自己的现实感受一模一样，这就能给他带来绝对的震撼力。

因此，我们应当建立基于真实的写作思维，一切立足现实的文章都必须来自真情实感，如果作者都靠捏造来写故事，写出来的故事甚至连作者自己都不相信，又谈何去感动读者呢？

有作者抱怨说："我的生活就是很平淡，没什么波澜，写不出那么多的跌宕起伏，怎么办？"这样的说法不无道理，但我想说的是，作者的基本技能之一就是要发现生活细节。任何一篇文章都需要提前准备，宁可多搜集一些素材，也别让自己陷入无米之炊的困境，也只有这样，我们才能快速建立起自己的写作思维。

✒ 好文章所具备的 3 种核心竞争力

记得我培训的第一批学员里有个全职妈妈，她问我的第一个问题就是：什么才算是好文章？好文章的定义很多，比如：散文类要求润物无声，小说类要求情真意切，评论类要求振聋发聩，等等。

一篇好文章的诞生前提，一定是在这篇文章的主题、结构、语言、内容等各方面都没有硬伤的基础上，又有几个方面做得很出彩。而在阅读了海量的文章，接触了各色各样的作者之后，我将好文章的核心竞争力总结为"逻辑缜密、言之有物、自带流量"。

对于新手作者而言，在保证文章各要素都达标的前提下，能做到以上 3 个核心竞争力中的任意一条，写出来的文章就一定能够出彩。那么，下面让我来一一详细说明。

1. 逻辑缜密

很多新手作者都会犯一个错误，那就是他们误认为只有写故事类、小说类等文章的时候，才需要严格践行"逻辑缜密"这 4 个字。但其实这里说的逻辑并不是指故事情节的逻辑，而是指写作逻辑。

在写作之前，我们可以先问自己几个为什么。

比如面对一个热点：我该从什么角度入手写？我基于这一角

度的出发点是什么？我该怎样从热点本身提炼出自己的观点？我又该用怎样的例子去论证我的观点？就是在这一个个为什么中，我们捋顺自己的写作逻辑，然后才能让笔下的文字流淌出来。

简单总结来说，写作逻辑速成公式就是：确定角度＋提炼观点（通常为正反对比或层层递进的两个分论点）＋佐证案例＋升华主题＋结尾引人深思。

一篇文章绝不能简单停留在"说清楚"的范畴上，说清楚只是第一步，合格的作者都应该在此基础上再往前走一步——借助事件或事物来表达自己的观点和态度。写作逻辑是任何文章都不可或缺的，即便是对写作逻辑要求最不高的散文也必须遵守"形散神不散"的铁律。

我曾用收录在《一个人，刚刚好》中的文章《我其实很高冷的，只是你不一样》给学员做过解析，这篇文章的阅读量很高，还先后被发表在《意林》的公众号和杂志上。这是一篇标准的情感观点文，以"这世上哪有高冷的人？只是暖的人不是你"这样一句网络调侃破题，分为"爱让人不能自已"和"爱让人变回自己"两个相对的论述方向，最后重新回归到原本的网络调侃上，并更进一步，点出那句："再冷也没有关系，我会用余生为你暖场。"

通过这样的解析，我们就会发现情感观点文其实并没有那么难，只需要按照上述提到的写作逻辑速成公式去做即可，而当我们实现了写作的逻辑自洽后，我们的文章也就具备了成为爆款的潜质。

2. 言之有物

我们对于文章的评判标准有且只有一个——信息增量，如果读者在阅读之后感觉不到任何有价值的东西，跟没读一样的话，那么这篇文章一定是失败的，更不用说能被转载和评论了。

我在今日头条上开过诗人专栏，讲述唐宋诗人们的生平故事，几乎每一篇都获得了今日头条青云计划的奖励，但我写了那么多诗人，却迟迟没有动笔写李白和杜甫。原因无他，只是因为李杜二人的名声太大，关于李杜的故事已经家喻户晓，要想写出新意难如登天。如果我写李白继续写他的豁达潇洒，写杜甫继续写他的忧国忧民，那么这样的文章就是"言之无物"的。

而面对同样一个大家耳熟能详的词人——苏轼，我并没有写苏轼的从容乐观，也没有写他的满腹才华，而是从苏轼是美食家这个角度出发，为大家展现了一个"吃播博主"的苏轼。这篇文章发表出来以后不仅获得了今日头条青云计划的现金奖励，而且还得到了大家的广泛讨论，阅读量、转载量、评论数全面开花。

这个亲身的写作经历也告诉了我一个道理："言之有物"是文章的核心竞争力之一，让读者阅读后收获到意想不到的阅读体验，才能让读者在茫茫文海中记住这篇文章，以及文章背后的作者。写文最忌炒冷饭，因为写作市场发展到今天，同质化现象已经非常严重了；但写文也别怕炒冷饭，换一个角度去解读，换一个思路去创作，同样能做到化腐朽为神奇。

3. 自带流量

曾有学员苦恼自己没有写作素材，我问了她一个问题："你最近在追什么剧啊？"一讲到自己感兴趣的话题，学员立刻把最近正在追的电视剧剧情如数家珍般给我讲了起来，讲到一半她才回过神来说了一句："这就是素材啊！"

其实热播电视剧何止是素材？热播电视剧里的经典台词、经典人物，以及电视剧中所反映出来的现实问题，都是自带流量的好话题。

热播电视剧、电影、综艺节目等已经在互联网上出现了海量的讨论，如果这时候有一篇深度分析某一观点、某一剧情、某个人物性格的文章出现的话，一定能引起大家新一轮的热烈讨论。这样的文章就像是赤壁大战时的那一阵东风，在风口上的文章不想火都难。

别为了写文无中生有，别为了凑数满嘴胡诌，记住"逻辑缜密、言之有物、自带流量"这三大核心竞争力，你也可以写出让自己满意、让读者共鸣的好文章。

✒ 什么才算是真正的文章拆解功力？

都说好的文章是从模仿开始的，但很多写作者对于模仿这两个字的理解有误区，他们将模仿理解为洗稿和抄袭，更有人一提到模仿就充满了反感。但事实上，一个优秀的写作者都拥有相当高超的"模仿"能力。

模仿不是抄袭文章，不是借鉴内容，更不是融梗洗稿，而是当面对一篇好文章的时候，我们通过揣摩作者的主题构建、行文思路、内容铺成等诸方面，从中了解一篇优质精品内容必备的相关要素，最终基于以上的收获，"模仿"出一篇完全属于自己的优质文章。

虽说书读百遍其义自见，但完全拆解一篇优质内容，并抽丝剥茧获得所有信息量，远比读 100 篇甚至 1000 篇优质文章后的收获更多。下面我将从标题、立意、结构这 3 个方面来详细解释什么才算是真正的文章拆解功力。用庖丁解牛的精神，最终到达目无全牛的境界。

1. 第一部分：标题

首先是标题部分，作为文章的第一印象，标题在这个"看脸"的时代显得至关重要。好的标题可以让人眼前一亮，更能让读者在海量的信息中锁定你的文章；而差的标题不但会让你的文章泯然众人，甚至还会让你原本优质的内容如明珠蒙尘一般，无人问津。

对于新手作者来说，如果不知道该如何写一个好标题的时候，最好的办法就是尽可能地写一个长标题，通过凝练语言、增加信息量的方式，来尽可能让读者一眼相中你的文章。虽然不排除有短小精悍的标题也能成为爆款文的情况，但绝大多数的优质标题结构多为三段式。大家可以来看一下下面这个例子。

同样是写诗人高适，但是两个不同的标题所带来的阅读量却有着天壤之别。

①《高适：坦白讲，我一开始只想种地，后来就带兵打仗、拜将封侯了……》

②《高适：盛唐边塞诗的代表人物，一个拜将封侯的大唐诗人》

很显然，上面两个标题高下立判。第一个标题充满了趣味性，和读者对高适的固有认识不一样，这会激发读者想要继续看下去的兴趣；而第二个标题则刻板许多，但凡对高适有些了解的人都知道，高适是边塞诗的代表诗人，这没有给读者任何新鲜感，自然就没有阅读量了。

2．第二部分：立意

标题固然重要，但立意作为文章高下立判的标准，其重要程度不言而喻。一篇优质文章的立意通常不入俗套，更能避开大家写烂了的主题，脱颖而出。写出不落窠臼的立意就已经打败了99%的同领域写作者。比如电视剧《都挺好》热播的时候，很多作者在创作相关内容的时候，都会去讨论原生家庭的问题，这样的文章因为内容同质化现象严重，主题重复率太高的缘故，通常阅读量不高。

但有的作者却反其道而行之，立足职场解读、饮食文化等立意，依托《都挺好》本身自带的流量热点，写出了一篇读者反响很高的优质文章。比如我有个专注写职场解读的学员，他一开始想写一篇解读 DISC 法的干货文，后来在我的推荐之下选择结合当时正在热播的电视剧《都挺好》来写，最终写出了一篇题为《三刷〈都挺好〉：如何利用 DISC 法，寻找不同职业性格间的相处之道》的职场干货文。通过分析电视剧中几个主要人物的职场性格，来依次介绍相对应的：领导型、社交型、支持型、思考型等4 种职场人物性格。从最开始一篇平平无奇的职场干货文实现了华丽的蜕变，被今日头条青云计划所认可。

在这里给大家规避非优质立意的 3 点建议：第一反应的主题立意不写；耳熟能详的主题立意不写；操作难度大的主题立意不写。

当提到电视剧《知否知否应是绿肥红瘦》，就有人想写婆媳斗争，这就是所谓的第一反应的主题立意；当提到电视剧《大明风华》，就有人想写朱高炽、朱高旭和朱高燧三兄弟的故事。这在该电视剧中着墨最多，同样在写作市场内容重复率最高，更是关于这部电视剧最耳熟能详的主题思路。这样的文章即便是写得再好，也很难出彩。

不过有一定基础的作者通常都会犯第三个错误，那就是故意剑走偏锋，为了吸人眼球非要另辟蹊径去写一些操作难度很大的主题。文章是为了赢得读者的认可，一旦文章脱离读者本身的时候，基本就寂寂无闻了。

更重要的是，如果没有相关的专业知识做保障，或者没有足够的内容储备做基础，这样的文章不仅让作者在写作过程中很痛苦，纵然最终成文也很难有读者看得进去。不要写一篇相互折磨的文章，否则画虎不成反类犬，就得不偿失了。

3. 第三部分：结构

我曾有幸参加过某公众号的审稿，结构混乱、脉络不清晰是编辑用来毙稿的高频词。一篇优质的文章在结构方面通常有以下3个特点：结构清晰，内容自洽；条理清楚，层层递进；逻辑严谨，有的放矢。

(1) 结构清晰，内容自洽

好的文章通常都有着严谨的行文思路和缜密的内在逻辑。有一个最简单的方法去判断文章结构是否清晰，那就是当你读完一篇文章后，再回忆内容时，是否能按照文章内容顺序，简单地说出这篇文章的内容大纲，并且不存在内容前后冲突的现象。

(2) 条理清楚，层层递进

条理清楚的文章从开头到结尾，内容都环环相扣。而在实际写作中，不少新手作者为了达到足够的信息增量，而经常性在文章中添加一些与文章或者观点关系并不大的内容。这样的信息增量非但不会让读者觉得内容充实，反而会适得其反，让读者如丈二和尚摸不着头脑，产生不知所谓的阅读体验。

(3) 逻辑严谨，有的放矢

优质的文章没有一处内容或者结构是多余的，每一处内容的展开，每一处伏笔的埋下，都是为了给后文的情节或者内容做铺垫。新手作者最容易犯的错误就是：为了观点去编造相对应的劣质例证，为了主题去扭曲经典故事的思想内核，更有甚者会无中生有，去编造很多捕风捉影，甚至道听途说的名人故事等等。

学会高超的"模仿"是写出好文章的第一步,而拆解好文章则是学会模仿的第一步,修炼好文章的拆解功力,会帮助你快速度过写作的初级阶段。

✍ 写文章的"去模式化"，让你走出他人的思维桎梏

我身边很多写作者都有这样的困惑：在面对一篇好文章的时候，初衷是为了学习文章的优点，但在学习的过程中，却不由自主地陷入该文章中，以至于自己写出来的文章最终变成了"东施效颦"。这样的文章不仅质量不高，而且往往会触及涉嫌抄袭的灰色地带。

这也就导致部分写作者为了保证自我思想的独立性，而走向了另一个极端——拒绝去认真品读经典好文章。其实这样因噎废食的做法是得不偿失的，因为好文章就像是一面镜子，不仅能够折射出该作者区别于一般作者的思想高度，而且能够让我们在阅读过程中相互印证，更好地发现自己的缺点与不足。

曾听有位写作前辈说过这样一句话："读懂一篇好文章背后的故事，远比写 100 篇文章更重要。"尤其是在"模式化""套路化"现象不断加剧的写作市场大潮下，学会写文章的"去模式化"显得更加重要。

写作的"去模式化"是指我们在阅读一篇好文章的时候，没有深陷在对方的写作逻辑里，而是像旁观者般冷静审视这篇文章，

这不仅能让我们看到该文中所有的优点和长处，而且能让我们敏锐感觉到该文的不足。需要提醒大家的是，在写作"去模式化"的思维范畴里，发现"丑"的眼睛，比发现"美"的眼睛更重要。

出于学习角度去阅读文章的时候，我们必须要零碎地看，将文章的每一个段落、每一种表达方式都割裂开看，这样做的目的正是为了摆脱文章原有思维的桎梏，便于我们学习到其中的优点。

大家可以来看下面这个片段：

爱自己是一种修行，也是一种成长。我们曾困顿于生活的种种不如意，更对很多鸡毛蒜皮的小事耿耿于怀，但当你意识到生命不应该被浪费的时候，你会在心底油然而生出一种想要改变的想法，这样的想法会支撑你往越来越好的方向发展。

优秀的灵魂总是惺惺相惜的，在你不断成长的过程中，你邂逅的不仅仅是越来越好的自己，更是在不断追逐的过程中遇到更多融洽契合的灵魂。你的朋友圈，你的交际网也会在潜移默化之间完成新的升级。

当你在山脚下时，你所能看到的，不过是近处的花草山林，你会因眼前的安逸流连，会因一时的沮丧而伤春悲秋；但当你历经成长的阵痛，努力登上人生高峰的时候，你会看到花开花落后的淡然随和，会了悟云卷云舒后的平静豁达，你终会收获最好的自己，也会收获最好的人生。

爱自己，是终生浪漫的开始，也是你人生越来越美好的开始。

下面我们用割裂文章内在逻辑的方法，从语言、逻辑和反驳这三个方面来尝试对这一片段进行"去模式化"。

首先是语言方面，我们要对文章本身进行一个语言风格的定性。比如说写历史文化类的文章，一定要注意语言古朴典雅，不要出现"李白喝着啤酒""杜甫抽着雪茄"之类的恶搞说辞；写情感观点类的文章，一定要注意语言简单干练，直抒胸臆，不要出现太多的古诗词引用，这种严重违和的表达方式在写作过程中是不允许的。

那么回到上面的片段，我们可以从片段推测这篇文章是一个"鸡汤文"，所以对应的语言风格也应该是优美典雅，不出现大量晦涩的表达方式。我们可以看到该片段虽然没有引用具体的事例，但行文典雅流畅，措辞凝练柔和，其中很多鸡汤式段落也可以用来充实我们的金句库，以后用到自己的文章中去。

其次是逻辑方面，上述片段的写作逻辑总结归纳下来就是一句话：爱自己，是终身浪漫的开始，也是人生越来越美好的开始。而论证的对象也从围绕个体——"自己会变得越来越好"，进一步引申到了"个体的社交圈"——周围优秀的人也会越来越多，这样的引申不仅进一步增强了观点的说服力，而且还使得文章主题不再那么单调。

我们在对一篇文章进行"去模式化"的研读时，要敢于怀疑，敢于提出问题，就像我之前说的那样：发现"丑"的眼睛，比发现美的眼睛更重要。当我们发现文章的问题后，我们可以直接进入反驳环节，想象自己在《奇葩说》的现场，把文章的作者视为对方辩友，针对对方的写作逻辑提出你的不同看法，并思考：如果是我来写这篇文章的话，会如何写呢？

当时有学员在对这一片段进行"去模式化"思考的时候，就感慨说："如果是我来写这篇文章的话，可能自始至终都只会围绕着'爱自己'这一角度写。"其实《爱自己，是终身浪漫的开始》这篇文章的初稿内容也仅仅局限在"爱自己"的范畴内，后来当文章写完以后，我用了"去模式化"的思维方式进一步去思考文章本身有无不足之处的时候，就敏锐发现文章论述方向单一，内容单薄，于是又针对主题进行了更深层次的思考，这才有了"爱自己，社交圈也会越来越好"的引申内容。

"去模式化"是学习优质文章时必不可少的技能，通过对文章风格定调，汲取对方遣词造句的闪光点，吸纳对方用过的经典句子为己所用，寻找对方写作逻辑上的优点与不足，并用自己的方式来给出新的写作思路等方面，在对比之中不断增加自身的写作实力，而这才是真正的学习。

▶▶▶ 第二章 ◀◀◀

写作规则：如何快速通过写作新手期？

✑ 写作的底层意识：读者逻辑永远高于作者逻辑

因为我自己也在运营自媒体账号的缘故，所以经常会在后台收到私信，除了一部分的读者倾诉之外，大家都在咨询关于写作的问题。而在这么多的问题里，频率最高的一个问题就是："我觉得自己的文章写得挺好的，为什么总是没有阅读量呢？"

这是绝大多数误入歧途的写作者们都会困扰的问题，之所以会有这样的困惑，归根结底都是因为这些作者没有意识到写作的底层意识——读者逻辑永远高于作者逻辑。对于作者而言，如果是想通过写作来获得名利的话，那就一定要注意：文章不仅是顺利表达出作者心声而已，更重要的，是让表达出来的心声获得广泛读者的共鸣和认可。

换句话来说，一篇文章的成功与否，主要取决于读者的看法。无论作者的学识有多高，写作水平有多强，只要他写出来的文章没办法获得他所期待的受众认可，那么这篇文章就是失败的。所以对于新手作者而言，如果想要快速写出阅读量高的文章，那就一定要记住：读者怎么想，才是最重要的。

当作者逻辑高于读者逻辑的时候，写出来的文章大致分为两种类型，分别是自嗨型文章和无厘头型文章，下面我来一一具体说明。

首先是自嗨型文章。我在大学期间一度沉迷于写小说，每天坚持更新 6000 字，就为了有朝一日能成为一书"封神"的网络作家。但很遗憾的是，我写了近百万字的小说，到最后也只有一个 1600 元买断收尾的结局。为了搞清楚自己到底为什么会失败，我千方百计联系到了责编，责编看了几章后就说了一句话："写文章是给读者看的，不是自嗨的，你这属于一个人的狂欢，从头到尾也只感动了你自己。"

在从事写作培训后，我也读过不少学员自嗨型的文章，最让我印象深刻的一个例子，莫过于有一位学员为"妈宝男"叫屈，他是这么写的：

一个男人如果连自己的母亲都不尊重，又谈何去尊重其他人呢？妈宝男至少证明他是孝顺的，一个孝顺的人又能坏到哪里去呢？

在该学员看来，这段表述逻辑自洽，推理严谨，但作为读者一方，任谁看都不会觉得这段表述是对的，而这就属于典型的自嗨型文章。

接下来，我们再来谈谈无厘头型文章。对于 80 后和 90 后而言，周星驰的电影承载了我们两代人的幸福童年，因为其诙谐的表演和让人捉摸不透的剧情走向，让周星驰成为当之无愧的无厘头大师。电影里的无厘头能给人带来快乐，而文章中的无厘头只会造成读者的困扰。无厘头的文章经常会出现在故事文和情感文中，为了让大家更好地把握，我分别解释说明。

我想在这里着重强调一下故事文，很多新手作者对故事文都不太了解，因为他们所理解的自媒体写作就只是追热点、写情感文而已，但其实这是一个大错特错的想法。自媒体写作包罗万象，除了绝大多数人所理解的热点文、情感文之外，还有故事文、干货文等等。

故事文写作的本质就是在有限的篇幅内讲好一个故事，这就意味着我们所设计的情节一定不要出现前后矛盾，或者难以说服他人的地方。而这也就导致很多作者在发现自己圆不了故事的时候，开始强行结局。

我见过有学员为了解释为什么女主角能发现男友出轨，将剧情设计成了女主角因车祸而拥有了心灵感应；为了解释一场败局已定的战役之所以会反败为胜，是因为男主角算出有旱天雷，更精确地将敌人引到了雷暴发生地……

"强行结局"的背后，其实都是因为作者设计的剧情失控了，因此不得已借助"神秘力量"来让故事看上去"合情合理"，但这是作者的一厢情愿，读者看到类似文章只有一种感觉——因为"烂尾"而带来的愤怒感。

而情感文中的无厘头文章显得更加不易察觉，不少新手作者即便是被指出一遍又一遍，也仍然一而再、再而三地重演类似错误。那么，什么才算是情感类的无厘头文章呢？大家来看下面两个例子：

【例1】

女人是一个家庭最好的风水。我有个表哥，前20年的人生都是在浑浑噩噩中度过，不知道自己的未来怎样，更从不为以后的日子打算。自从娶了表嫂以后，变得越来越负责，颇有些好男人的感觉，正是表嫂的出现，给这个家庭带来了好的风水。

【例2】

鲁迅说："美好的爱情总能让人为之一振，而这也是婚姻最大的意义。"身边经常有这样的例子：曾不学无术、吊儿郎当的年轻人自从结婚以后像变了个人似的，变成了一个顾家的好男人。

其实我们仔细观察就会发现，这一巨大变化的背后，其实都有一个贤惠的妻子在起作用。好的婚姻能拯救人，这句话并非虚谈。

一般人乍一看上述两个例子，甚至都感觉不到有什么异常，但对于一些经验丰富的编辑和细心的读者来说，这两个例子问题很大。

例 1 是情感文中很典型的"我有个……"系列，为了强行与自己的观点契合而编出的例子，包括但不限于"我有个朋友""我有个亲戚""我有个闺蜜"等等。例 2 看上去没什么问题，不仅引用了名人名言，而且紧随其后的论述内容也恰如其分，所举的身边事例更是能引发共鸣。但遗憾的是，作为立论的观点是有问题的，因为鲁迅并没有说过这样的话，而这一巨大问题会瞬间让文章本身毫无意义。

一旦有读者或者编辑发现，文章中所用的佐证事例和名人名言是作者自己编出来的，那么这样的文章一定是会拉低读者的期待值，更会让编辑对作者本身产生一些负面印象，这种影响非常深远，会让作者得不偿失。

写作本身，是将作者的想法通过一定的表述方式，传达给读者，以期获得读者的共鸣。因此，我们在写作的过程中一定要时刻牢记：别把写作当成是自己的事情，读者怎么看待这篇文章更重要。

多一些真实有据、经得起查证的名家故事和名人名言，少一些空泛无聊的自导自演，当你的文章真正能给读者带来信息增量的时候，何愁没人看呢？

🖋 写作逆商，决定你的文章热度

加拿大传奇音乐人莱昂纳德·科恩有这样一句话："万物皆有裂痕，那是光照进来的地方。"绝大多数人认为，有残缺、有缺憾是无法接受的，但莱昂纳德·科恩却用这样一句话告诉我们，因为有残缺，所以才有变得更好的可能性。这样的说法颠覆了人们的传统思维，但却让大家在认可之余，有了更加深刻的思考，而这就是逆商思维。

写作里也有逆商思维，当我们面对一个全新选题时，如何写出常人写不出的新角度，这就属于写作逆商中的一种。写作的逆商思维决定了你的文章热度，如果想要让你的文章真正成为一篇爆款文的话，逆商思维不仅要用在选题上，还需要用在写作的方方面面，下面我来详细解释说明。

1. 构思逆商，决定你的立意高度

身边经常能听到有作者抱怨，写作市场哪里还有什么新颖的文章，同质化已经成为写作市场的普遍问题了。可就在一些人抱怨写不出新意来的时候，一些账号总能时不时地冒出一些文章引发全民阅读。作者们也只有在看到这样的刷屏文章后，才会恍然大悟感慨一句："原来还能这么写！"这就是优质作者区别于一般作者的独到之处。

我记得有段时间关于民国才女林徽因的话题热度很高，很多作者都开始深挖林徽因的素材，而绝大多数人能写出来的内容都只囿于林徽因和梁思成、徐志摩、金岳霖之间的韵事，而关于这段掩埋在民国岁月里的风月故事其实早已被多数人写过。对于一般读者来说，就算不全然了解，也知道大致情况，这样的文章写出来又会有几个人看呢？

读者想要看的，绝不是他们已经知道的内容，读者阅读的初衷往往都是希望通过文章来看到新的世界。所以在面对林徽因的话题时，光写那些捕风捉影的风月故事是不会写出什么高立意来的，而如果关于林徽因的话题热度真的居高不下的话，我们可以从林徽因的话题去探索其他的构思。

我曾让学员去认真整理林徽因的相关材料，然后让他们一一说给我听，学员们在搜集了很长时间后，沮丧地跟我说："林徽因的素材都被人写光了，她和梁、徐、金三人之间的故事不知道被写了多少遍；和冰心之间因为文章结怨，林徽因从山西考察回来时还给冰心带过陈醋的故事也被写过了；就连林徽因家的猫和钱钟书家的猫打架，也被人写过了……实在是挖不出什么新素材了。"

"林徽因为什么要去山西考察，考察的又是什么？难道林徽因就真的只是一个在脂粉堆里斗气的小女人吗？"学员在我的点拨之下，马上摆脱了思维惯性，转而结合当时的时代大背景，写出了一个不一样的林徽因。开始渐渐掌握构思逆商的学员拨开那些风月往事，给所有人呈现了一个毫无胭脂气，充满爱国情的林徽因先生，而这篇文章也最终获得了十几万的阅读量。

别总沉浸在思维惯性里，新手作者之所以写出来的文章毫无新意，是因为在构思的时候出发点就错了。

2. 读者逆商，决定你的互动程度

作者在写文章的时候绝不是自由的，不仅仅是在构思上要有逆商，我们还需要有读者逆商。作者需要判断自己文章的受众群体，并以此来进行相应的创作。

我曾经参加过某个儿童读物公司的剧本创作，写一个针对6~10岁儿童的关于哪吒闹海的剧本，便于后期制作成音频作品。当时的我写了很久，甚至自以为写得很好，但编剧的话就像是一盆冷水朝我劈头盖脸浇了下来。

"东海龙王水淹陈塘关这一段，你用了'黑云压城城欲摧，甲光向日金鳞开'的诗句，你觉得6~10岁的儿童能听懂这句诗的意思吗？一篇文章如果连受众群体都没定位清楚的话，这篇文章注定是失败的。"

从那之后，我就明白了一个道理：写文章之前一定要想清楚读者定位，抓住读者群体的痛点去写文章。如果文章的受众主体是城市白领，那么我们就抓住白领疲于工作、被催婚、被催生的痛点去写；如果文章的受众主体是中年群体，那么我们就抓住中年人有老有小、健康隐患、养生等共性痛点去写……当你用读者逆商把握住了读者心理的话，还愁文章不会火吗？

3. 情节逆商，决定你的阅读数量

大家一定听过这样一句话："意料之外，情理之中。"这是对故事情节最好的赞美，也体现了情节逆商的重要性。

读者在面对一个全然未知的故事时，如果他们刚读了开头两三句话就猜到结局的话，他们不会觉得自己有多厉害，只会觉得作者写作水平太低。读者最期待的情节是什么呢？是充满波澜，但最终结局还在预想范围之内的情节。每一次的情节走向都牵动着读者的内心，而读者如果在阅读过程中丝毫没有感受到半点"爽"感，整篇文章读下来如同在喝白开水的话，那作者又凭什么期待这篇文章会得到更多人喜欢呢？

所以，作者在设计情节时，可以先带入读者视角，想一想大众期待的剧情走向是怎样的。在想清楚这一点的基础上，再做一定程度的调整，那么就可以最大程度上提升这篇文章的阅读趣味性，从而获得更多的关注。

关于写作，你必须绕过的 3 个雷区

参加写作培训的学员多了之后，我发现大家都存在一些具有共性的问题，尤其是在新手作者这个特殊群体里面，一些具有共性的写作雷区无一幸免。而在这么多的写作雷区中，踩进以下这3 个写作雷区的新手作者更是数不胜数。这 3 个雷区看似非常简单，但如果新手作者的写作思维一直深陷其中的话，必然会直接影响到未来的写作之路能走多远，下面我们来一一说明。

1. 想得太多，写得太少

曾有一个年轻人非常仰慕杨绛先生，他给杨绛先生写了很长的信，在信里谈及自己的一些人生困惑。而杨绛先生则只用了一句话回信："你的问题主要在于读书不多而想得太多。"

很多新手作者也有这样的问题，他们会把大量的时间用在思考上，思考应该如何写出一篇优秀的文章，思考应该如何让自己的文章出类拔萃，甚至在构思的过程中会认真地去抠一个又一个的写作细节。

但是，这些新手作者把 90% 的时间都用来思考了，真正将自己的思想转化成文字成果的人却寥寥无几，这就是典型的"想得太多，写的太少"。

我曾经跟一位作者有过不太愉快的争执。那位作者是参加今日头条的官方训练营的学员，头条官方训练营有相应的详细课程，每一个课程之后都会有相应的作业，可那位作者却自始至终都没有完成过一次作业。不过我不能说那位作者不努力，因为他在每一次的课程结束之后，都会认认真真来跟我讨论在课程中学到的相关知识，并且就一些观点跟我进行沟通。

可每当我告诉他可以先尝试着写起来的时候，那位作者会跟我说："我连自己都没有办法说服，又怎么能写出一篇好文章呢？"这样的说法是没有问题的，但是一个新手作者如果连写都做不到的话，又谈何能够提升自己的写作能力呢？

而与这位作者形成鲜明对比的，是我亲自指导的一位学员。那位学员是个全职妈妈，因为二胎怀孕期间非常无聊，所以报了我的写作训练班。一开始辅导她写作的时候，她跟我说了这样一句话："自从高中毕业之后，我就没有再写过文章。"而当时的我也半开玩笑跟她说："那你就每天坚持写 500 字，随笔也好，日记也好，流水账也好，哪怕写出来的都是没意义的口水文，也要写下去。"

这位全职妈妈整整坚持了一期 30 天的课程，在 30 天之后，她已经能够拼凑出一篇 800 字的文章了。而现在的她也已经能够为一些小的公众号供稿,虽然那些公众号稿费并不高,但对于这位全职妈妈来说,已经是勇敢跨出第一步了。

通过这两个学员的故事,我想告诉每一位新手作者:当你刚开始写作的时候,一定会遇到各种各样的问题,甚至大脑一片空白,无从下笔。但永远不要让你的思想停留在你的大脑里,哪怕是以记流水账的方式,也要把你内心的想法写出来。因为就是在这样的不断坚持中,你会发现自己的语言越来越流畅,自己的文章越来越工整,最终写出一篇让自己满意的文章。

2.毫无内容的流水账

在写作前期,为了锻炼自己的笔感,不必过于苛责自己写出来的是否为毫无营养的流水账。但等有一定写作基础后,我们对于文章的要求则需要大大提高,流水账式内容将变成自媒体写作的最大忌讳。自媒体写作最忌讳的就是出现大量的流水账式内容,这不仅会影响读者的观感和编辑的判断,而且还会让文章整体充斥大量无效信息。

我们来看下面两个例子:

【例 1】

周平母亲一回家就觉得家里气氛不对,连忙问道:"怎么了这是？是不是又跟你老婆吵架了？"

周平不吭声地坐在旁边，母亲又连问了几遍后，周平这才说道："还不是你那通电话，让她以为你在找我告状，我怎么解释她都不听。"

"你怎么不跟她好好解释解释！"周平母亲一边埋怨儿子，一边走到里屋里，"慧慧，妈那通电话不是在说你，妈说的是周平那小子！"

"妈，你说的是真的吗？我还以为你在怪我呢！"正在生闷气的儿媳妇一听这话，顿时气消了大半，再听到婆婆耐心的解释后，可算把心里的气都消了。

【例2】

周平又和媳妇儿吵架了，在母亲的多番询问下，周平才说出了吵架的原因，母亲这才意识到原来自己的那通电话让儿媳妇产生了误会，她赶忙去找正在房间生闷气的儿媳妇解释，这才消除了误会。

其实例1和例2的内容大致相同，但表达形式上有些不同。例1充满了细节描写和语言描写，而例2则将内容直接一笔带过。很明显，例1更具备可读性，而例2则显得内容单薄，毫无起承转合的节奏感，无法让读者产生共鸣。

3. 在猎奇道路上越走越远

人类天生就对未知充满了好奇，这也导致不少作者为了刺激读者的猎奇心理而采用标题党，或者是寻找一些猎奇题材吸引读者的关注，但这样的做法无异于自寻死路。

内容才是王道，通过一时的标题党，或者毫无干货的猎奇题材吸引来的读者，读过文章后，通常不会有任何收获感，反而会有被欺骗的感觉，这会导致读者"取关"，同时也会引起官方平台的关注。

标题党和低质内容一直都是每一个平台严厉打击的对象，想要将写作作为一个长期变现的副业去经营的话，那么请一定要远离标题党，更不要在猎奇上动歪脑筋。记住一句忠告："常在河边走，哪有不湿鞋？"

🖋 文笔速成法则：你远比自己想象中的更会写

经常听到有新手作者抱怨："我的文笔太差，根本没办法写。"大部分人对于文笔的认识应该都是这样的：文笔是需要靠日积月累的阅读以及持之以恒的写作才能练出来的。这句话的背后含义就是，好的文笔必须要花费大量的时间来积淀。这也就导致很多新手作者还没开始写，就觉得自己文笔不行，直接放弃了写作这条路。

诚然，好的文笔需要时间沉淀，但这并不代表着没有速成的办法。如果将文笔计为 0~100 分，通过一些速成办法，即便不能让新手作者的文笔达到 80 分，至少能从最开始的不及格提升到 60 分以上。而当文笔到达 60 分的时候，新手作者写出一篇还算合格的文章已经不是问题了，剩下的文笔提升就交给时间，在慢慢磨炼和不断学习过程中，相信自己的文笔会越来越好。

下面我们来具体说说文笔速成法则，在学习了相关的办法后，相信很多新手作者也会惊喜地发现：原来自己比想象中的更会写！

1. 扩句法

为了更直观地感受，大家可以看卜面这一组句子。

① 老屋的房门被风吹开了。

② 老屋的房门吱呀一声被风吹开了。

③ 许久未有人去的老屋早已湮没在荒草之中，如果不是那穿堂而过的风呼啸而过，如果不是那年久失修的门轴被寒风吹动，发出吱呀的怪响，我想老屋恐怕不会被任何人记起吧。

④ 和不远处的独栋别墅群形成鲜明对比的是，低矮破旧的老屋早已被人高的荒草湮没。已经长大、为人父母的长辈似乎忘记了曾在老屋庇护下度过的童年时光。老屋就这样在时光中沉默，在悄无声息之间日渐颓败。终于扣在斑驳门环上的旧锁经不住风雨侵蚀，在一个无人察觉的黄昏跌落，随着呼啸而来的风，那扇被虫蛀到千疮百孔的门发出痛苦的哀鸣，轰然打开。

我们可以看到这组句子的内容基本相同，但其生动程度在递增，从最开始的"老屋房门被风吹开"，到后面不断衍生出一个段落，文笔也随之提升，而这就是扩句法。新手作者一定要记住一个道理：不要把我们想写的内容赤裸裸地表达出来，相反，我们所呈现的内容一定要区别于日常表达，这不仅能够提升读者的阅读体验，而且能让文章整体的文笔变得优雅。

当我们要写小孩，不要光写"那个孩子"，至少应当写成"那个可爱的孩子"。多一些描述性的语句，你的文章自然也就生动起来了。

2. 化用法

有新手作者抱怨说："我的文字储备本来就很少，文笔哪里好得起来！"当自身的日常积累不足，能解燃眉之急的最好办法就是化用法。将一些经典的句子用你自己的表达方式说出来，这不仅能够提高你的文笔，而且能够让读者在阅读过程中有种眼前一亮的感觉。

大家来看这段话：

庙堂太高，因为孟郊没有韩愈的境遇，更没有韩愈敢为天下先的胆量和气魄；江湖太远，因为孟郊没有孟浩然的豁达，更没有孟浩然的底气和觉悟。而也正是在这庙堂与江湖的浮沉之间，孟郊就像是一个囚徒在一个怪圈里进退两难。

作者想要表达的意思很明显，孟郊出仕为官的希望渺茫，但同时他也没有田园牧歌的能力，所以作者用了"庙堂太高，江湖太远"这 8 个字，而这 8 个字就是化用了范仲淹的那句名言："居庙堂之高则忧其民，处江湖之远则忧其君。"一个简单的化用，这段文字的格调便瞬间提升上去了。

新手作者在写作过程中特别执着于引用名人名言，而且他们使用名人名言的格式基本一致，通常都是这样的表述——"×××曾说：……"这样的表述并不是自媒体写作，更像是中学生作文。大胆一点，创新一点，让那些名言警句真正融入你的文章里，文章自然能够熠熠生辉。

3. 替换法

不知道大家有没有听过这样的评价："你的文章写得一点也不高级。"这句评价的意思是说：文章的遣词造句像极了日常说话，或者很像是小学生写日记。之所以会出现这样的情况，是因为新手作者的词汇库储备匮乏，一些经常用到的高频词没有找到更高级的用法。我们来看下面这两个例子。

【例1】

对于男友的背叛，周娜完全没有想到，她以为那只不过是愚人节的玩笑而已，现在再想起从前的美好回忆，周娜的内心久久难以平复，止不住地落泪。

【例2】：

男友无缝衔接下一任的做法，让周娜始料未及。如今再想起两人热恋时的点点滴滴，周娜顿时悲从中来，泪水像是断线珍珠般难以克制地落下，即便是分手半个月了，周娜仍然心意难平。

例1和例2想要表达的内容是一致的，但大家读起来就会发现，例2的遣词造句更为工整，而例1则显得非常口语化，让人感觉不到任何一点"高级感"。

我们在日常写作的时候，也要习惯留心一些高频词汇，对于高频词汇的更高级表达方式也要做好归纳总结，便于在今后的写作中做好相应的替换。比如把"委屈"换成"意难平"，把"时光荏苒，白驹过隙"换成"流光一瞬，华表千年"，等等。当一篇文章的高级词汇多起来的时候，这篇文章的文笔自然也就能得到读者认可了。

但无论是上述说的哪一种方法都离不开日常的积累，对于那些觉得自己文笔不好就选择放弃写作的新手作者，我想说的是：

种一棵树最好的时间是十年前，其次是当下。文笔不好可以练出来，但如果你都不选择的话，那写作就真的与你无缘了。

写作技巧篇

▶ 选题标准：好的选题等于成功了一半

▶ 标题意识：文章的第一印象真的很重要

▶ 素材积累：怎样避免写作中的"巧妇难为无米之炊"？

▶ 架构能力：从信马由缰到有的放矢，你只需要这样做

▶▶▶ 第三章 ◀◀◀

选题标准：好的选题等于成功了一半

✍ 掌握用发散性思维来创造选题的能力

我经常向学员强调，写作最忌讳思维定式，要随时保证自己的思维具有发散性，发散性思维不仅能够避免写出来的文章都是炒冷饭，而且还能让我们获得"创造选题"的能力。大家来看下面这一片段：

在网上看到一张图片，有刚入职正在试用期的职场菜鸟问："下午5点下班，我跟着大部队走没问题吧？"而一个所谓有经验的职场老鸟回复道："领导走了你再走。"

不少人在下面展开了激烈讨论，有相当一部分网友对这句话深有体会："在领导面前留个好印象，确实是很有必要的。"但也有一部分人对"领导走了你再走"这句话嗤之以鼻，如果领导走了才能走的话，那么下班铃声将毫无意义。

能说出"领导走了你再走"这句话的人，通常都是在职场浸淫多年，自认为已经掌握了职场生存之道的老鸟。但这样的人通常都有一个职场性格缺陷，那就是毫无朝气，随波逐流。

一个员工最大的价值，不是陪领导加班到深夜，跟领导一起上下班；而是如何在规定时间内产出，让领导无论何时都可以拿到满意的答复。一个每天准点上下班、工作效率极高的员工，和一个每天加班，却永远交不出满意成果的员工，公司更想要哪一种员工已经不言而喻。

不要成为每天点卯的机器，而要成为努力创造价值的员工。倘若一个公司将加班当成企业文化的核心内容，而看轻员工的工作效率，那么这样的公司也不会是一个好东家。对于一个员工来说，职场只有一个认可标杆，那就是员工的业务能力。

这一片段来自我写的文章《"领导走了你再走"：这几个职场上的"伪科学"，你真的敢信吗？》，当时写这篇文的灵感也主要是因为那句"领导走了你再走"。我曾经将同样的一句话发给学员，让学员针对这句话写篇文章，而学员给我的反馈主要是以下几种：

① 解释"领导走了你再走"背后的职场生存法则，让大家认可这一观点。

②着重写"领导走了你再走"所反映出来的职场陋习,以及由此带来的负面影响。

③"领导走了你再走"是一种现象,分析为什么会有这样的现象。

而当我让学员按照他们的想法去写一篇文章的时候,由上述三种反馈写成的文章无一例外都没能超过 1200 字。很多学员在写到后面都很痛苦,因为在他们看来,这个话题实在没有那么多话要说。

从上述 3 种反馈来看,所有的学员都没能摆脱"领导走了你再走"这一观点的禁锢,所有人都在围绕"领导走了你再走"做文章,而这就是我想说的——没有发散性思维。

后来我向学员解释了一遍我写这篇文章的心理活动,和绝大多数人一样,我最开始也想直接以"领导走了你再走"为主题,写一篇文章。但我很快就发现,这样一个观点没办法支撑起整篇文章,这让我开始思考另一种文章结构——如果一个观点没办法撑起整篇文章的话,那我可不可以用并列的方式多提出几个同类观点,从而写一篇盘点文呢?正是在这样的思想驱使之下,我写出了这篇获得今日头条青云计划认可的文章。

在写这篇文章的时候，我还考虑到了一个问题，那就是对于这些观点我到底该持怎样的态度？"领导走了你再走"这一观点本身就很矛盾，在包括绝大多数中年人在内的职场老鸟们几乎所有人都觉得这一观点是对的，但是在许多 90 后看来，这样的观点几乎可以说得上是大错特错。以张扬著称的 90 后一代人就像是外来生物一样，破坏了传统职场很多的旧有固定思维。我写这篇文的主要受众不是中年群体，而是那些性格张扬、敢于表达自己的年轻人群体，所以最终，我选择以"伪科学"这个角度来写下了这篇文，包括对"领导走了你再走"持否定态度的观点。

发散性思维不仅仅是对选题的发散，也是对受众群体的发散，只有当我们清晰了自己的定位，才能够写出符合时宜的文章。

下面来教大家两个发散性思维的小诀窍，便于大家在后续写作中打开自己的思维。

1. 顺藤摸瓜法

不知道大家有没有听过六度分隔理论？简单来说就是：最多通过 6 个人，你就可以认识一个陌生人。也正是在这样的理论支持下，让我想出了一个找选题的好办法：顺藤摸瓜法。

我们来看一个片段：

这两天重温电视剧《知否知否应是绿肥红瘦》，对其中一句台词印象深刻。气急败坏的林小娘，因为不满丈夫盛泓给女儿墨兰定的婚事，说了一句："我墨儿才比谢道韫。"

很多人在追剧的时候，对谢道韫这个名字十分陌生。在古代男权至上的封建社会里，能被记住的女性实在是屈指可数，但谢道韫这个名字却被记录在《三字经》中，任凭王朝更迭，世代口耳相传。

《三字经》中："蔡文姬，能辨琴。谢道韫，能咏吟。"那么，谢道韫到底是谁呢？她是一个满足所有玛丽苏小说女主角条件的东晋女诗人，却因为命运的捉弄所托非人，然而又最终能在名士如云、豪杰如雨的魏晋南北朝，活成了所有人心中唯一的女神。

这一片段出自我写谢道韫的一篇文章。之前我对谢道韫的了解并不多，只大概知道有这样一个历史人物存在，但电视剧《知否》在那段时间特别火，我也非常热衷于写《知否》相关的内容，比如电视剧里的择偶观、亲子教育等等。但无一例外，写出来的文章阅读量都不高，因为写的人实在太多了。而偏偏是林小娘这句"我墨儿才比谢道韫"的台词，让我顺藤摸瓜找到了新的选题——谢道韫。

谢道韫的文章一经发布后，就获得了平台的流量加持，也得到了久违的青云计划现金嘉奖。而我在狂喜之余，又开始深挖谢道辄背后的"王谢"家族，又获得了一个新的选题。

顺藤摸瓜法是找选题最有效的办法之一，学会了这个办法之后，根本不愁自己没选题可写。

2. 上帝视角法

关注网络小说的朋友一定知道，在网络小说流派里，穿越类小说一直经久不衰，有着上帝视角的主角随着故事情节所向披靡，而每一个读者的心也随之波澜起伏。新手作者在面对一个选题的时候，也需要有上帝视角。尤其是面对需要选边站队的观点文时，新手作者往往会把自己的思想禁锢住。

举一个例子：当我们面对"年轻人结婚年龄越来越晚"这一现象的时候，我们该怎么写这篇文章呢？很多新手作者在开篇伊始就直接表明了态度，比如说："这一现象说明了越来越多年轻人转而关注个人发展，是件好事。"

在上帝视角下的这一现象应该是怎样的？年轻人结婚年龄越来越晚这一社会现象，一来反映了当下年轻人追求自我，更注重自我发展；二来也从侧面折射出当下年轻人的生活压力大，让他们不敢结婚。作为文章的作者不要轻易表达自己的态度，以免引起争议。绝大多数情况下，作者要用上帝视角去审视自己的文章，只有这样才能写出一篇可以合理引导读者去思考的优质内容。

🖊 别让选题暴露你的写作短板

我在接触写作差不多一年左右的时候，有幸给网易公司写过一次文案，一篇稿子不到 2000 字，但稿费是 1500 元。这样的一笔稿费对于当时的我来说就是一笔巨款，我连做梦都不敢想，因为那是我第一次感觉自己可以靠写作实现财务自由。

那之后的我，跟编辑进行过很多次沟通，也最终按照编辑的要求提供了稿子，顺利拿到了 1500 元的稿费。但这样一次难能可贵的写作经历却也让我意识到一个问题：我并不擅长写互联网风格的文章，因为那篇文案类的文章从我开始写到最终成稿，都让我觉得很痛苦。

而在去年的时候，我也给清华大学出版社写过一篇文案类的文章，那篇文章是一篇人物稿，写的是当时热播电视剧《清平乐》中的大宋太后刘娥。这篇稿子完成得很快，内容几乎没有做什么修改，就成功通过了编辑的审核。

这两个截然不同的经历也让我意识到一点：几乎没有人是全能型作者，一个作者能够同时适应两三种不同方向和类型的文章，那就已经是难能可贵了。这是我的亲身感受，但从我观察到的情况来看，很多新手作者都没有这样的意识，甚至有一部分新手作者在写作初期就以将自己打造成全能型写手为目标。

有这样的想法固然是值得肯定的，但现实往往很骨感。因为在实际写作过程中，新手作者往往会因为写作基础薄弱，而在向不同风格、不同类型文章发起挑战时，出现"水土不服"的情况。这样的做法非但不能提高新手作者的写作能力，反而会让其在很长一段时间里因为难以适应这样来回切换的差异感，从而陷入写作的迷茫期。

选题往往决定了文章的内容和风格，所以当新手作者在选择选题的时候，要量力而行，别去做为难自己的事情，因为你在为难自己的时候，往往向读者暴露了你的写作短板。

我们来看下面这两段内容：

【例1】

著名脱口秀演员李诞曾在节目中调侃过"借钱给熟人"：遇到借钱不还的朋友，通常债主会陷入两难的境地，又怕你不还钱，又怕主动要钱伤你自尊。令人爆笑的语言吸引了无数网友的共鸣，因为在现实生活中，几乎没有人例外，都有过"借钱"的经历。

有句话非常能说明现在的"借钱生态"，因为现在的世道已经变成了"欠钱的成了大爷，借钱的反而成了孙子"。更有人调侃说："如果你想失去一个好朋友，最好的办法就是借钱给他。"种种心酸的背后，其实归根结底就是一句话：向别人借钱的人，越来越不懂规矩。

【例2】

曾有过前辈将自己的活儿塞给我干的情况。当我因为自顾不暇，来不及给前辈擦屁股，不得不去找领导说明情况的时候，领导笑眯眯地跟我说："这是给你的好机会啊，多经历点事情，学的不就更多了吗？"

是啊，谁都知道多学一点是好事，但问题是，工资到位吗？时间够用吗？为什么总是脱离了工资谈奉献呢？让弱者"背锅"，然后用言语宽慰弱者，这本质上跟猫哭耗子没有区别。职场上本质上没有情感纠葛，你给我报酬，我给你等价回报，就是这么简单。

职场上老人使唤新人的现象很常见，但不代表新人就一定逆来顺受，有些欺负不加半点修饰，是把年轻人当成傻子吗？那些一边用"鸡汤"激励年轻人加油干，一边又不给年轻人足够工资的领导，麻烦快点闭嘴。梦想确实要有，但能先满足我的现实生活需求吗？

成年人的世界都在面具下活着，如果你不关心我，我不怪你，但请别用毫无意义的关心来恶心我，有空听你废话，还不如把我的生活经营得更好一点。

这两个片段的文风都是走的犀利路线，用略带凌厉的语言揭露了当下很多人在日常生活中会遇到的糟心事，语言简洁凝练，让读者在阅读过程中有一种很"飒"的感觉。对于擅长这种文章的作者，如果想要继续有所突破的话，我一般会建议他收起锋芒，尝试去写一些鸡汤文，或者是情感文；而与这类文章完全没有重叠区域的文章类型，如历史文化类、职场干货类等等，我是完全不建议写的，因为跨度太大，操作难度很高。

有一部分作者在自我突破这件事上理解错误，他们秉持着不破不立的原则，在决定写作转型的时候，会选择一个和自己擅长的内容风格完全不一样的新方向，这是非常不可取的。虽然不排除确实有这样的成功案例，但我看到的大部分作者都失败了。

我曾经教过一个学员，他的文笔很好，写出来的人物稿接二连三出现在某国学类头部公众号上，但他在情感文写作上则出现了严重的"水土不服"。我们可以来看一下他曾给我交上来的一次作业内容：

最完美的两性关系是势均力敌，相互成全。于多尔衮而言，显赫军功、骁勇善战是他的资本；于孝庄太后而言，红颜柔情、无上尊荣是她的资本。就是这样一对璧人，在波诡云谲的政局里形成了默契。多尔衮成全了孝庄要让儿子福临继位的愿望，孝庄也成全了多尔衮要做摄政王，实则君临天下的野心。

这是个让人啼笑皆非的段落。如果光看内容的话，我们可以很明显感觉到作者在遣词造句和内容铺陈上有独到之处，以多尔衮和孝庄之间的故事，用相互印证的方式，来论证"最完美的两性关系是势均力敌，相互成全"这一观点。

但实际上这个例子很不恰当，因为当用到"两性关系"这4个明显带有现代文色彩的字眼时，就意味着我们的文章不可以用太过古朴典雅的语言风格去写，更不能在文章用例中用到古代事例，这会给人严重的违和感。当我们的主题相对富有现代气息的话，那么我们的佐证事例的时期最好不要早于民国时期，否则强烈的违和感会让读者有种"跳戏"的感觉。

因此，新手作者在选题的选择上一定要慎之又慎，对于一些自己完全不擅长的选题不要强行去写，因为这会严重暴露你的写作短板。读者天然地会将自己一直认可的作者理想化，这也是很多作者在努力经营的人设。如果有一天，读者发现自己一直很看好的作者写了一篇很违和的文章，这在读者的内心无疑是一场地震。对于作者而言，守住读者内心的期许，真的很重要。

✎ 优质选题的两个基本思想内核

其实选题和素材一样，只要留心的话，就会发现我们身边处处都是选题。但选题和素材不一样的地方在于，选题是文章的大方向，而素材只不过是在确保大方向不偏离的情况下，为我们文章增光添彩的一部分，所以从这一点讲的话，选题更为重要。

新手作者如果坚持为公众号投稿的话，那大概率情况下，选题是由公众号号主来决定的，很少会有作者自由发挥的情况。但如果是经营自己的自媒体写作平台的话，我们每天要做的事情就是发现好的选题并将之撰写成文，这就要求我们不仅要有发现选题的眼睛，同时还要具有判断选题是否优质的能力。

新手作者经常会遇到这样的问题：文章写到一半突然觉得没什么东西可以写了，无论怎么绞尽脑汁，也没办法写出一个字来。这固然有作者自身写作基础不扎实、没有发散性思维等内在原因，但也有选题本身不适合写成文章的外在原因。

其实优质选题都是有特点的，只要我们把握住这些共性，那么就可以在海量的选题中迅速发现那些可以被我们写成文章的好选题。一般而言，好的选题都有以下 2 个基本思想内核。

1. 优质选题都具有可操作性

从选题到文章，这之中需要大量的文字和流畅的记述（缜密的论证＋出彩的描写），这也要求我们的选题一定要具有可操作性，有讨论的空间，有论证的意义。

不知道从什么时候开始，"翻案文"又死灰复燃了。不少作者出于卖弄知识储备或者吸人眼球的目的，开始为一些已经盖棺定论为大奸大恶的人物做翻案文章。比如有人说"魏忠贤不死，大明不亡"，这样的选题是没有可操作性的，因为魏忠贤这个人物的好坏无可争辩。换言之，我们对于魏忠贤这个人物，只能批判不能赞美。如果有人通过一些野史杜撰，重新将魏忠贤塑造成大明功臣的话，读者不会觉得这篇文章写得很好，只会有愤怒和被欺骗的感觉。

好的选题都是要有可操作性的，也就是说，选题一定要留给作者可以演绎的空间。我们来看下面两个选题：

选题一：女本柔弱，为母则刚。即便是平时看到昆虫都尖叫的女性，在发现孩子有危险的时候，都会挺身而出。这就是母爱的力量，这就是母爱的伟大之处，你怎么看呢？

选题二：知乎上有这样的提问——有哪些时候真的对父母感到失望？在我们绝大多数人看来，父母爱子是理所应当的，但在实际生活中，并不是所有的父母都无私爱着孩子，对于一些孩子而言，父母反而是他们一生难以治愈的伤痛。幸福的人一生都被童年治愈，不幸的人一生都在治愈童年，你怎么看呢？

选题一讲的是母爱伟大，这是人所共知且毫无争议的共识；而选题二讲到了不是所有的父母都深爱自己的孩子，这乍一听不可理解，但是当我们真的映照到现实生活中的时候，就会发现：在我们身边，确实存在着不负责任的父母，这是个真实存在的现象。

面对母爱伟大这一选题，我们是没有演绎空间的，即便真的是要写一篇文章，也只能从单一角度去不断增强"母爱伟大"这一选题的说服力，但事实上几乎没有人会反驳这一选题，所以我们所写的文章就像是在大海里倒了一杯水一样，实际上毫无意义。

而面对"不是所有的父母都爱孩子"这一选题，我们可操作的空间显然就大多了。原生家庭问题、重男轻女问题、教育问题等等，都可以从这一选题上引申出来。记住一个道理：写作不能就事论事，写作需要作者的演绎。

2. 好的选题都能回应读者期待

我曾经问过不少读者一个问题：是什么原因让你们选择打开

一篇文章并认真阅读呢？大部分读者都给了这样一个回答：我想从你的文章里学到新东西，找到我想要的答案。也就是说，一篇文章最大的价值就是让读者有所收获，同样，一个好的选题也必须要有能回应读者期待的能力。

之前有个学员不知道自己该写什么样的选题，刚好是十一黄金周，他打算去九华山旅游。于是我建议他写一篇九华山游记，他听了我的建议，在回来后确实写了一篇关于九华山的文章，我们来看一下其中的片段：

云雾缭绕，众多寺庙掩映在山林之间，我怀着激动的心情来拜访这座久负盛名的地藏王菩萨道场。大概是十一黄金周的缘故，九华山人山人海，虔诚的香客们拥挤地排着长队，每座寺庙都人满为患。我并没有去寺庙凑热闹，而是找了个清净的地方稍做停留，看着远处连绵起伏的山峰，内心感受到了久违的轻松，我想这才是旅游的意义。

文章内容很美，用词讲究，细节到位，但很显然，这篇关于九华山的文章是失败的，失败的原因在于这位学员将文章写成了私人日记，他将文章的重点放在了抒发旅游感受上，却没有意识到这篇文章面向的对象不是他自己，而是广大读者。

读者对这篇文章的期许绝不是看作者去九华山旅游的观感，读者更希望看到的是一篇攻略，一篇能够让他下次去九华山旅游时，避开很多雷区，更高效、更尽兴地完成九华山之行的攻略。事实上也正如我所料，这篇文章在发出之后，阅读量寥寥无几，很快就石沉大海了。

好的选题一定是能回应读者期许的，在看了这篇文章后，读者找到了他想要的答案，对于某些既定人物和事件有了不一样的看法和收获，这才是一篇好文章、一个好选题。

简单总结一下：好的选题要有可以演绎的空间，同时能够回应读者的期许，让作者有话可说，让读者有知识可学。这样的话，又何愁没有阅读量呢？

✎ 自媒体人的选题思维是怎样炼成的？

之前讲到自媒体写作者要有发现选题的眼睛，因为身边处处是选题，而从身边找选题只不过是自媒体人的基本操作而已，一个成熟自媒体人的选题思维远没有这么简单。对于成熟自媒体人来说，找选题并不难，从定选题到写成文章才是最关键的。

所以，在定选题之前，我们要对自己的账号和写作能力有清晰的定位：我到底会写什么方向、什么题材的文章？我的内容主要受众群体是哪一类？这类群体的痛点是什么？我的内容能给他们带来怎样的价值？

拿我自身举例。我比较擅长写泛情感领域类和历史文化类的文章，所以我几乎不碰除此以外的任何题材，因为我知道自己写不好。我的读者群体主要是 80 后和 90 后，他们不喜欢看家长里短的口水文，更喜欢有态度的表达和有思想的解说。

很多新手作者困惑的地方在于，自己在写作初期根本没什么粉丝，又怎么知道读者到底喜欢什么样的内容？要想解决这个问题很简单，从一开始写作的时候，就在用户维护上下功夫。

我记得自己发布第一篇文章之后，涨了 4 个粉丝，我第一时间和这4个粉丝取得联系,用后台私信的方式和对方建立友谊,然后让他们成为我的微信好友。那4个人至今都是我时不时联系的好友,虽然从来没有见过面,但我从和他们的交流中避免了很多写作的问题。读者角度的文章感受和作者角度的文章感受是完全不一样的,只有在了解到读者真正的诉求,我们才能写出好文章。

之前我也说过了,选题的日常积累是我们要持之以恒做下去的。身边的人事物,经典的电视剧、电影、综艺节目、纪录片,微博上的热点,知乎上的经典问题等等,但凡发现一点值得一写的内容,不管自己是否真的落笔,都要保存到自己的选题库中。成熟的作者要像猎犬一样,在找选题的路上狂奔不止,永不停歇。

而除了日常积累之外,我们还要有借鉴的能力,尤其是对一些在全网刷屏的爆文,我们要着重关注。我记得作家尹惟楚那篇《我不恨你,但也不会原谅你》火了之后,网上也出现了不少同名但是内容不相同的文章,借用了同样的一句话作为标题,但却用全新的解读方式来诠释这句话。

微信公众号上出现的阅读量10万+爆文是一个风向标,我们在日常写作过程中一定要注意收集这些爆文,并对这些文章从选题、标题到内容、逻辑进行全方位的剖析,同时问自己几个问题:

第一：如果是我拿到同样的选题，我会怎么写？

第二：对于文章中的某一观点，如果是我用例子佐证的话，我会用什么例子？

第三：这篇文最打动读者的地方在哪里？这一痛点能否让我沿用到自己的文章中？

在思考这3个问题之后，我想新手作者也能清楚地感受到自己和爆文作者之间的差距在哪里了。

除了直接把爆文选题拿来做全新解读之外，我们还可以站在爆文的肩膀上，用发散性思维去进行新的探索。

比如这样几篇文章：

《妈妈的好情绪，爸爸的好情商，是一个家庭最好的风水》

《好的家教，是一个家庭最好的风水》

《父亲的大格局，母亲的好情绪，就是一个家最好的风水》

《富养妻子，才是一个家最好的风水》

《规矩，是一个家最好的风水》

《一个家最好的风水：大事不论对错，小事不记心里》

《人品，是一个人最好的风水》

《一个人最好的风水，不是五官，而是习惯》

……

大家有没有发现上述提到的几篇文章都跟"风水"二字杠上了，这是因为之前出现了好几篇《×××，就是最好的风水》的文章，这也让好多作者和公众号产生了灵感，借着爆文热度，写出了很多标题带"风水"的文章。

很多新手作者对于模仿他人的行为不屑一顾，但借鉴成功者的经验，从他人的成功案例中寻找新思路和新想法，这是比较便捷的方法。

举一个最简单的例子。

有人写了一篇关于苏轼的文章，重点突出苏轼的豁达乐观，即便一直在贬谪路上，他也泰然自若，每到一个地方就吃吃喝喝，还写下了很多让人一读就思想振奋的诗句。

而第二个作者在看到这篇文章后，看到其中那句"苏轼每被贬谪到一处新地方，必然在当地搜罗新的美食"，突然有了新的灵感，写出了一篇文章去解说苏轼"美食博主"这一人设，着重讲苏轼对美食的贡献。

第三个作者则在看到文章后，被苏轼之所以被贬谪的原因产生了浓厚的兴趣，写了一篇分析苏轼为何被贬，以及"乌台诗案"前因后果的文章。

很显然，第二个作者和第三个作者都是从第一个作者那里获得的灵感，但我们不能说第二个作者和第三个作者是抄袭第一个作者，因为这三篇文章的主题和重点都是不相同的，而这就是借鉴和学习。

对于新手作者来说，写出的每一篇文章都很不容易，所以我们写完一篇文章后都要做好复盘，主要从以下两个方面入手。

第一：在写作过程中，在写到哪一部分时最艰难？原因是什么？是找不到合适素材来佐证，还是在行文逻辑上说不通？有可能的话，可以找有经验的写作者一起讨论。

第二：如果现在让我用同样的选题，写一篇完全不同的文章，我能否写得出来？大概会怎么写？新手作者没必要真的再写一篇，只需要写一个简单的大纲即可，通过这样的方法来锻炼作者的多角度思考能力。相信通过这样的办法，新手作者也一定能够尽快建立成熟的选题思维，练成"万物可写"的写作技能。

▶▶▶ 第四章 ◀◀◀

标题意识：文章的第一印象真的很重要

如何日常训练你的标题打造能力？

在自媒体写作平台有这样一个概念：打开率，指的是计算机算法将文章推荐给一定量的读者，而在这些被推荐的读者中，只有一部分读者真正点开了文章去阅读，那么阅读量除以推荐量就等于打开率。

我们不难联想到，影响一篇文章打开率的因素有且只有一个，那就是标题。有一句古话说："酒香不怕巷子深。"但在信息爆炸的当下社会里，酒香也怕巷子深。最好的办法就是让读者在海量的信息中，通过锁定你的标题，对你的文章产生兴趣。

说到这里，大家一定已经了解到标题的重要性了。标题是读者对文章的第一印象，但是对于新手作者来说，写出一个好标题非常困难。那么，我们在日常写作中到底应当如何训练自己的标题打造能力呢？在这里，给大家介绍几个方法。

1. 缩句法

好的标题通常都有概括全文的功能，或者说来自文章中最精华的片段，就像是把整篇文章浓缩在 30 个字左右。因此，如果想要取一个好标题，作者一定要有凝练语言的能力。

我们来看下面这段话：

开元二十七年，已成诗坛巨星的李白途径襄阳，听闻偶像孟浩然归隐于此，连忙前往拜见。数年未见的两人把酒言欢，犹胜 9 年前的黄鹤楼送别。酒足饭饱之余，酣醉淋漓的李白纵酒狂歌，挥毫写就《赠孟浩然》一诗，开头一句"吾爱孟夫子，风流天下闻"就把自己的迷弟本质暴露无遗。

见过无数达官显贵，向来桀骜不驯的李白，为什么会对一介布衣的孟浩然青眼相加呢？而大半生执着于求取功名的孟浩然，又为什么会成为田园诗派的文宗领袖呢？当拨开历史的重重雾霭，我们就会发现：从执着求官，到放归田园，孟浩然是盛唐无意中犯下的最美错误。

这是一篇孟浩然人物稿的开头，绝大多数读者对于孟浩然的认识就是——孟浩然是唐朝田园诗派的大家，但到底是什么原因让原本一心求官的孟浩然最终选择了归隐山林呢？这样一个无官无品的一介布衣又为什么能成为大唐现象级的偶像人物，让李白这样的诗坛大佬也成为他的迷弟呢？这就是这篇文章要着重讲的内容。

所以在凝练了文章精华内容之后，这篇文章的标题最终被定为《孟浩然：从求官到归隐，田园诗盟主的诞生，是盛唐犯下的最美错误》。这一标题就遵循了"来自文章精华部分"的原则，而且根据文章风格的不同，在定标题的时候兼顾了风雅二字，更能让爱好唐朝诗人的读者在茫茫文海中一眼锁定这篇文章。

2. 扩展法

为了让大家更好地把握扩展法的精髓，我们先来尝试将一句话扩展成一段话。

举一个简单的例子：母亲在田里除草。想要将这句话扩展成一个片段的话，我们可以从增加背景描写、细节描写、修辞手法等方法来进行。

比如我们增加背景描写：

已经是3月了，母亲看着院外那一方田地里茁壮生长的杂草皱了皱眉，转身扛着锄头下地除草去了。

我们再加上细节描写：

已经是 3 月了，和煦的春风催动庄稼茁壮成长，而就在整齐生长的庄稼里，总有那么几棵杂草不合时宜地生长着。端着饭碗的母亲用余光扫到那几棵杂草顿时皱了皱眉头，然后快速扒拉掉碗里的饭，放下筷子就扛着锄头下地去了。

　　最后我们再加上修辞手法：

　　已经是 3 月了，和煦的春风催动庄稼茁壮成长，而就在竞相生长、互不相让的庄稼里，总有那么几棵杂草不合时宜地探出头来，伴随着微风晃动着沉甸甸的穗子，像是在向所有人炫耀自己的勃勃生机。正端着饭碗的母亲用余光扫到那几棵耀武扬威的杂草顿时皱了皱眉头，然后快速扒拉掉碗里的饭，放下筷子就扛着锄头下地去了。

　　我们可以看到通过扩展法，一个很简单的句子被我们扩成了一段话，而且内容变得更加丰富，提高了读者的阅读体验感。当然，扩展法对于标题也很有用。

　　一般而言，自媒体文章的标题字数不超过 30 个字，所以我们也要尽可能利用好这 30 个字。我之前准备诗人系列的时候写到李白，原本定的标题是《李白：剑仙、诗仙、酒仙，一人光耀盛唐的顶流》，后来通过增加描述的方式提高了这一标题的美感，最终定为《李白：第二剑仙，青莲诗仙，红尘酒仙，他是一人光耀盛唐的顶流》，一共 29 个字，但这一标题读起来朗朗上口，同时也启发了读者的好奇心：为什么说李白是第二剑仙？而这也达到了我的写作目的。

3. 多点开花法

很多新手作者由于写文速度慢，对于他们来说每一次写文章都是一场劫难，这就导致新手作者只有在写文章的时候才会考虑标题，但其实这种习惯很不好。即便不动笔，我们也可以思考标题，这才是我们所要养成的习惯。

当我们看到一个素材可以用来写文章的时候，我们要在脑海里大致有个框架，在理清楚文章大概要怎么写之后，我们就要尝试着将框架浓缩成一个标题。比如我看到一篇关于原生家庭对孩子影响的报道，我会在脑海里大致思考一下自己要怎么写这篇文章，分论点是什么，所用的佐证事例是什么。不用去抠具体的写作细节，我们只需要大致把握文章脉络。在梳理清楚文章大致的行文思路后，我们就可以从中提炼素材了。

因为只是在脑海里思考，所以我们的思维是不受文章本身所拘束的，当我们想好一个标题后，还可以继续追加思考一个问题：

如果我要反驳这篇文章观点的话，我该怎么写？我的标题又该改成什么呢？就是在这样一遍遍思考的过程中，我们的标题打造能力也会在不知不觉间得到提升。

✒ 先声夺人的好标题，必须具备这两个特质

这是个看脸的时代，而标题就是一篇文章的脸面，所以我特别拎出一章来着重讲讲标题。很多新手作者对于标题的优劣与否，并没有一个很清晰的认识，甚至有人根本不在意标题。同样，即便面对一个好标题，新手作者只会觉得标题好，但具体好在哪里却无从说起。

都说要知己知彼，如果不能说清楚标题到底好在哪里的话，我们是没办法依葫芦画瓢，自己写出一个好标题的，所以本节内容我来给大家讲讲，那些先声夺人的好标题都具备哪些特质。

1. 反其道而行之

大家是否曾有过这样的经历，当出现一个跟你固有认知完全不一样的事物时，你会压抑不住内心的好奇想去弄清楚，而这也是"反其道而行之"的一类标题能够赢得海量阅读的原因。

我们来看下面这两个文章标题。

① 《为什么说寒门难出贵子？》

②《寒门难出贵子，是对奋斗者的公平》

我可以告诉大家的是，第一篇文章的阅读量很低，而第二篇文章的阅读量在9万多。为什么会出现这样的情况呢？因为"寒门难出贵子"是一个流传了很久的话，早就已经被人所熟知了，即便是不点开标题①的文章看，我们也能说出个一二三来。

类似于标题①这样的文章，读者在看到标题后就已经没有兴趣看下去了，因为文章的大致内容在读者心里有了基本的预判，这就是很多读者调侃的那句"光看到开头，我就猜到了结尾"，这样的文章又怎么可能会有高阅读量呢？

而反观标题②《寒门难出贵子，是对奋斗者的公平》，这样的标题显然是在"唱反调"，因为在大部分人的心里，"寒门难出贵子"是一种不公平，可作者却用《寒门难出贵子，是对奋斗者的公平》为题，这与读者的思维认知是迥然相异的，也成功引起了读者的好奇，让他们想要有一探究竟的想法，阅读量自然也就上涨了。

新手作者在取标题的时候，也要善用"反其道而行之"的思维方式，不按套路出牌往往能让读者眼前一亮，不过只靠标题来反其道而行之是远远不够的，每一个标题都是文章内容的表达，所以在考虑选题时就需要做到逆向思维，不写老掉牙的话题，而是用老话题写出新思路。

2.带有鲜明的风格

我曾在网上看过一项调查。时隔多年以后，当有人问起老师还记得当年班上都有哪些学生的时候，除了成绩最优异的那几位之外，老师只记得那些最调皮捣蛋的学生了，而那些成绩不算特别拔尖，或者表现平平的学生，反而最先被老师遗忘。这是为什么呢？因为成绩好是特点，调皮捣蛋同样也是特点，有特点的学生更容易被老师记住。

标题也是如此，一个平平无奇的标题，在海量的文章推荐中根本不会被读者看到。而那些带有明显风格的标题，就会像是鹤立鸡群一般瞬间吸引读者的注意。那么什么才算是有着鲜明风格的标题呢？我们来看下面这几个标题。

①《没有你的关心，也许我会过得更好》

②《我一直在想，什么才算是分手最佳的状态？》

③《如果伴侣长期没有收入，你能接受这样的相处模式吗？》

④《徐霞客：一双眼看尽尘世风景，一双脚丈量一身豪情》

⑤《诗家天子王昌龄：喝最烈的酒，写最好的诗，去最远的边关》

很多学员在评价标题①的时候说："这是一个充满了杀伤力的标题。"因为光从标题看，我们就可以猜到文章矛头直指那些日常生活中只知道嘴上关心，实际上从不出手帮忙的虚伪者群体。

如果将标题①的《没有你的关心，也许我会过得更好》换成《请远离那些只说不做的虚伪者，因为虚假的关心毫无意义》，我们会发现，虽然后者更全面地表达了文章的意思，但却失去了力量感，丝毫没有前一个标题来得旗帜鲜明。

而标题②和标题③算是勉强合格的标题，用反问来做标题虽然可以启迪作者要去看内容回答，但这两个标题自带的话题"分手状态""伴侣长期无收入"都不那么引人深思，很多读者是没有兴趣点开看内容的，更不用说回答标题中的反问了。

在标题中设问算是一个好技巧，但新手作者在使用过程中一定要注意的是，标题中所提到的问题一定要自带流量，或者自带吸睛功能，否则这样的设问根本没办法得到读者的回应。

而标题④和标题⑤都是典型的历史人物稿，这两篇文章都发在我的今日头条账号 @ 梁知夏君上面。徐霞客那篇文有 1 万多阅读量，96 条评论；而王昌龄那篇文有 5 万多阅读量，486 条评论。同样是人物稿，同样是大家大概了解的历史人物，同样使用对仗工整的句式做标题，为什么在阅读量上却有 5 倍的差距呢？

这是因为和徐霞客的标题相比，王昌龄的标题显得有些"不正经"。读者如果真的想要去了解徐霞客或者王昌龄的话，查百度百科更快更全面。那为什么读者不去查百度百科，而要看我们写的人物稿呢？因为我们写的人物稿不那么枯燥，反而人物稿形象更加鲜活。而这也正是读者最想看到的内容。

和王昌龄那篇文章的标题相比，徐霞客的文章标题四平八稳，一点诙谐俏皮的感觉都没有，这又怎么能吸引到读者呢？反观王昌龄的文章标题则带着点趣味性，让人想要点进去看看王昌龄的故事。

还记得现象级的历史小说《明朝那些事儿》吗？将枯燥无聊的历史用一种通俗讲史的形式讲出来，这样的书从诞生之日起，热度就一直没有降下来过，而这其中 "不那么正经"的写作风格也起到了一定的作用。

在这里教新手作者一个写作小诀窍：我们要学会把握文章的表达色彩，越是枯燥无味的素材和选题，我们越要写得鲜明轻快一点，反之亦然。新手作者要记住一点：我们让读者看到的，永远都是我们加工过的内容，而不是那些素材被胡乱堆砌起来的整理文。

写标题的 3 种套路，让你不再难以下笔

标题是很多新手作者的第一道坎。之前有学员反映过一个奇怪的心理现象：如果标题起得好，后续写文章也会很顺；而一旦想不出什么好标题的话，后续写文章也会磕磕绊绊。有学员把这种现象称为"触霉头"。其实哪有那么多神神道道的说法，只是因为标题是文章的精华所在，捋顺了标题的内容，也就基本捋顺了文章到底该怎么写。对于新手作者而言，写标题也不是没有套路，其中最行之有效的莫过于以下这 3 种套路。

1. 数字法

固定搭配：权威数字 + 现象（观点）

数字法指的是，我们在起标题的过程中要加入数据类的表述，尤其是有权威依据的数据。如果将这类数据放进文章标题的话，就已经说明了这篇文章的权威性。除此以外，数字还会给人带来强大的视觉冲击，尤其是当一些数据超过读者想象的时候，这会让读者第一时间想要去看这篇文章，因为标题中提到的相关数据让他产生了疑惑。

我们来看下面这两个标题。

①《淘宝 HIV 试纸下的 16 万条评论里，我看到了一场关乎生死的"买家秀"》

②《淘宝 HIV 试纸店的评论区里，我看到了一场关乎生死的"买家秀"》

这两个标题唯一的区别在于前者强调了 16 万这一数量词，但就是这样一个数量词的强调，让前面一个标题的阅读量达到了 68 万，而作为备选的第二个标题，在今日头条双标题推荐机制下，最终的阅读量只有 1 万多。之所以会出现这么巨大的差距，是因为"16 万条"评论数震撼到了读者，大家在看到标题①的瞬间就会被"16 万"吸引住，紧接着脑海里就会生出一个问题：为什么会有这么多人买？而这样的疑惑也会驱使着读者点开文章看下去。

数字法还有另一种表现形式，那就是以权威数据来增强文章观点。我们来看下面这两个标题。

①《试用了市面上十几种脱毛膏，果然最好用的还是它》

②《这么多脱毛膏，我推荐这一款》

标题①强调了作者的亲身经历，给用户一种"文章内容绝对真实，都是作者亲自调研的结果，真实可信"的感觉。不要觉得这些权威数据很难找到，除了那些广告带货文一定要本着对用户负责去亲测之外，其余的一些数据可以直接援引权威网站的数据和权威人士的说法。等写作积累到一定程度的时候，新手作者也完全可以写一篇写作分享文，比如我就可以写《写作 3 年，200万字，这是我对写作的 3 点心得》，当在标题中加上数量词后，这篇文章的可靠性就自然而然凸显出来了。

2．反问法

固定搭配：叙述主体＋用反问形式表达的观点

大家在日常生活中有没有注意过，无论是什么内容，但凡用反问语气问出来都会充满了气势。而我们在写标题的时候，也可以活用反问法写出一个充满气势的标题。

大家可以来看下面这两个标题。

①《人工白眼徐锦江：这个三级片之王，凭什么一幅画能卖150 万？》

②《人工白眼徐锦江：这个三级片之王，居然是个一幅画卖150万的画家》

这两个标题前者使用的是反问句，后者使用的是陈述句，就给人不一样的感觉。以反问句式为标题往往很容易调动读者的情绪，让读者在看到这一标题后，在不知不觉间被"带节奏"。

就比如上述提到的这篇徐锦江的人物稿，当看到标题①的时候，读者的内心感受通常是这样的："对啊，他一个演员凭什么一幅画能卖150万？是不是有什么猫腻在里面？"而看到标题②的时候，读者的内心感受不会那么剧烈，而只是惊讶于这一既定事实："演员徐锦江的画居然能卖150万。"光从感情色彩上来看的话，明显前者更强烈。

反问法同样也有第二种表达形式。那就是针对大众痛点进行反问，让读者在"被刺痛"的情况下，引发强烈的不安感，从而产生想看文章寻找解决办法的动机。

我们来看下面这两个标题。

①《打工者，你有多久没好好吃过一顿饭了？》

②《好好吃饭，是打工者的奢望》

标题①采用的就是反问法，让大家在被反问的过程中，联系自身，脑补后果。而标题②则只是陈述了一个事实，一个大家都明白的事实，这样的文章标题除了能换来读者内心的认可之外，是不会吸引读者看文章的。因为你想说的话，都已经总结在标题里了，一目了然。

3. 命令法

以命令法来取标题的时候，只需要注意一点：以毋庸置疑的口吻直接告诉读者你的观点，在用词上也一定要注意态度坚决，语气肯定，可以用"必须""一定""不准""不可以"等，而不可以使用"我劝你""希望""也许"等规劝性质或者态度游移不定的词语。

我们来看下面这两个标题。

①《你的善良，必须带有锋芒》

②《我劝你，善良带些锋芒》

标题①是以不容置疑的口吻说出来的，这会让读者不由自主地想要去看看文章到底在说什么，为什么会有这么大的底气；而标题②则更像是一个苦口婆心的老人家在劝说，不仅在气势上弱了一截，而且显得很没有底气。

在讲完了取标题的 3 个套路后，我还需要跟大家着重强调一下标题党的问题。标题党一直以来都被各平台和读者所深恶痛绝，新手作者刚开始在把握不住取标题的度时，往往就会出现标题党的问题，最典型的标题党有以下两种。

第一，以异常夸张的词语来开头，然后写一些伪科学或者稀松平常的小事。比如《震惊！喝了隔夜的开水，身体居然会发生这样的变化》。

第二，话说一半，刺激读者的猎奇心理。比如《三年未归的丈夫突然回到家中，原来是听到了……》。

新手作者一定要注意，在写作过程中不要犯标题党的错误，因为这会直接导致你的文章不被平台推荐，或者直接封禁，到时候就真的欲哭无泪了。

优质标题的最高奥义：打造标题的朦胧美

前文我介绍了日常训练选题能力、好标题的特质和写标题的套路，基本上给新手作者理清了标题方面的相关技巧和注意事项。作为标题章节的最后一篇文章，我来结合自己这3年多的写作经验，跟大家分享一下我的心得：如何打造标题的朦胧美？

大家在日常阅读的时候是否也曾有过这样的感受？当我们在读到某些标题的一瞬间，就像被触及内心最柔软的那一块，明明还对文章具体内容一无所知，但自己已经被标题深深吸引了。出于我的个人习惯，我将这类标题称为具有朦胧美的标题。在我看来，朦胧美的标题有以下几种特点：引而不发，真诚可信；千呼万唤始出来，犹抱琵琶半遮面；兼具音乐美和建筑美。下面我来一一说明。

1. 引而不发，真诚可信

有这样一种标题，用词并不讲究，有的甚至仅仅只是一句话，却能精准抓住读者的情绪。这类标题有一个很显著的特点，通常都是将读者一方假想成倾诉者，而作者则通过标题来向读者倾诉文章所要表达的内容，我们来看这个标题：《对不起，爸明年可能不出去打工了，爸老了》。

上述标题就是很典型的将读者假想为倾诉对象的标题，不必去解释太多，连说话者的身份都不用表明，因为当读者看到这一标题的时候，就已经自动带入该情景中去了，也自然而然地明白了说话主体的身份。如果将上述标题换成：《一位年迈父亲的愧疚：对不起，爸明年不能出去打工了，爸老了》，虽然只是加上了表明身份的内容，却让标题原本的倾诉感荡然无存。

如果新手作者在实操过程中，也想打造具备倾诉感的标题的话，那么需要注意一点：学会克制写作情绪。坚韧克制是中国人的民族性，这样的民族性也体现在阅读偏好上，对于一些赤裸裸表达情绪的标题，大部分读者都不太"感冒"，甚至有些反感。比如将《对不起，爸明年可能不出去打工了，爸老了》这一标题，修改为《爸年老体弱了，明年没办法出去打工了》，通过前后两个标题对比，我们就会发现后者明显少了些感觉。情绪引而不发，内容真诚可信，这才是这类文章能让读者产生倾诉感的原因。

2. 千呼万唤始出来，犹抱琵琶半遮面

提到朦胧美，我们的第一反应一定是那些用词考究、语言优美的标题，这是朦胧美标题最具有代表性的一类，同时也是对作

者语言功底要求最高的一类标题。

其实作者都有这样的意识：在标题中留白，给读者想象的空间。但很多新手作者因为能力所限的原因，经常画虎不成反类犬，非但没能打造出"欲遮还羞"的感觉，反而让标题滑向恶俗边缘，变成了典型的标题党。现在的自媒体写作市场对于标题党已经到了人人喊打的地步，如果还有作者想要通过标题党来谋求一时的阅读量，那就等于自断后路。因为一个账号一旦有文章被平台判定为标题党的话，轻则扣分、减少推荐，重则直接取消原创，甚至是封号处理。

那么什么样的标题才算是"犹抱琵琶半遮面"的标题呢？我们来看下面这两个标题。

① 《ICU 病房外的走廊：凌晨两点，卸去伪装的人们，露出了生活的真相》

② 《ICU 病房外的走廊里：我在凌晨两点，看到了家属们的哭泣与无助》

这两个标题表达的内容是一样的，文章的焦点定格在那些一直徘徊在 ICU 病房外走廊里的病人家属身上，想讲的也是关于疾病与家庭之间的故事。但是和标题②直接说出来不一样的是，标题①用含蓄的说辞点明了文章的内容，读者即便是只看标题①，他们也能瞬间联想到标题②所直接表达出来的内容，这就是"欲遮还羞"所要达到的效果。

新手作者无论是在写标题还是在写文章的过程中，一定要有"不把话说尽"的意识，给读者以思考的空间，让读者有想象的余地。因为当读者真正开始想象的时候，通常都会联想到自身，而当读者开始结合自身经历去看文章的时候，这篇文章也就和读者产生了联系，并相信了作者笔下的世界。

在这里我教给大家一个区分标题党和朦胧美标题最好的办法：前者会让读者产生负面联想，后者则会让读者产生信赖感。新手作者不要在被官方判定为标题党时给自己喊冤，因为作者比任何人都清楚，自己到底想把读者引向何方。

3. 音乐美和建筑美

有这样一种标题，看起来赏心悦目，读起来朗朗上口，即便不看文章内容本身，读者也知道这样的文章读起来是一种享受。音乐美指的是标题遣词造句凝练讲究，读起来让人有种在念诗吟唱的感觉；而建筑美指的是标题结构对仗工整，结构清晰。和"犹抱琵琶半遮面"相比，"音乐美和建筑美"算是对标题在形式上的更高要求了。我们来看下面这几个标题。

①《复盘〈三十而已〉：和富人谈情，和穷人说钱，警惕你身边的王漫妮》

②《复盘〈三十而已〉：在穷人和富人面前两副面孔，警惕王漫妮式的女生》

③《温庭筠：世间十分风月，温郎独占八分，为唐诗作结，为宋词开篇》

④《温庭筠：花间词派集大成者，为宋词兴起打好基础》

标题①和标题②是同一类文章的两个不同标题，标题①的文章最终的全网阅读量在几十万，而标题②的文章阅读量则不到1万。之所以会有这几十倍的阅读差距，是因为标题①通过对仗工整的对比内容，更增加了电视剧《三十而已》中王漫妮这一角色的矛盾性，让读者们在阅读时也能清晰感受到强烈的反差感，从而全身心地投入到文章中去。而标题②虽然也有穷富这两个对比性字眼，但因为"混为一谈"的缘故，读者所能感受到的对比感并不那么强烈，并没有做到建筑美的要求。

同样，标题③和标题④也来自同一类文章，前者接近 10 万阅读量，后者的阅读量则可以忽略不计。《温庭筠：世间十分风月，温郎独占八分，为唐诗作结，为宋词开篇》这一标题，不仅句式对仗工整，而且词句充满美感，让读者在阅读过程中能明显感觉到诗情画意和作者的语言功底，兼具了音乐美和建筑美这两大特点。而标题④则相形见绌，除了教条式地说明了温庭筠的成就之外，并没有给出任何值得读者期待的内容，自然没有阅读量了。

以上就是我对于朦胧美标题的一些心得体会，对于新手作者来说，如果暂时没办法写出这样的标题也没有关系，因为写作是一个考验时间、循序渐进的过程，你打过的每一个字、写过的每一篇文章都不会白费。

第五章

素材积累：怎样避免写作中的"巧妇难为无米之炊"？

你的素材，决定了文章的思想高度

我经常会看到有新手作者感慨别人的文章思想深刻、角度独特，而自己即便是面对相同选题，甚至相同的大纲，也写不出对方文章的思想高度。

其实造成这一问题的原因，不完全在于新手作者的日常积累没有那些优质作者多，更重要的是，在面对同一个选题的时候，新手作者没有足够的素材去支撑论证，或者说支撑论证的素材并不恰当，有些素材甚至削弱了文章的论证。这就是为什么说，你的素材在某种程度上决定文章的思想高度。

1. 拔高文章思想高度的 3 个素材特点

（1）不为常人熟知的经典例子

写作者一定要注意的是，写文章无论何时都要记得别出心裁，即便是用例子也一定要用不太为常人所熟知的经典例子。这样既给读者提供了新的信息增量，而且还在无形中秀了一把自己的知识储备。

还记得上高中的时候，语文老师在高考前反复提醒我们，作文里用的事例一定不要老套，如果阅卷老师看到的文章都用的是"屈原跳江""卧薪尝胆"等例子的话，即便是写得再精妙绝伦，阅卷老师也不会觉得好。

我的情感合集《一个人，刚刚好》里面收录了这样一篇文章，名字叫《"别逃避问题，把话说清楚！"：成熟的婚姻里，有些话不必说清楚》。这篇文章曾发布在今日头条上，除了不俗的阅读量外，还是少有的一篇写纯粹情感文却获得青云计划认可的文章。

我在写这篇文章的时候用了大量的例子，尤其是在论证"婚姻和爱情一样，都是消耗品"的观点时，我用了杨绛先生在作品《我们仨》中记述的一件往事：

年轻时的杨绛与钱钟书一起坐船出国，两人因为一个法语发音"Bon"而吵了起来。杨绛说钱钟书发音带着乡音，太难听；而钱钟书也说杨绛发音不地道，两个人因为这件小事争执不下，最后说了很多难听的话。

后来杨绛在船上遇到了一位会说英语的法国人，并向他请教正确的发音。当法国人告知杨绛发音是正确的时候，杨绛没有胜利的感觉，而是觉得索然无味。因为一个无关痛痒的发音，差点毁了多年的感情。

而其实没有人知道的是，我最开始想用的例子并不是关于杨绛先生的这个例子，而是打算用一个身边人的真实故事来进行论证。可即便我用的是真人真事，即便我的处理方法很高级，但和杨绛的例子相比，无论是在信息增量还是在说服力上都是不可相提并论的。在用了杨绛的例子后，这篇文章的思想高度也随之被拔高了，这应该也是文章能获得青云计划认可的原因之一。

（2）贴合时下热点的内容

不知道大家有没有发现，我们在日常交流过程中为了提高自己的说服力，有时候会在情急之下用电视剧或者电影中的人物和情节来佐证自己的观点。之前电视剧《欢乐颂》热播的时候，关于原生家庭和重男轻女的话题热度也随之上升。而有学员在写到原生家庭对一个人的影响会伴随终身这个观点的时候，特意用上了《欢乐颂》中樊胜美这个角色，而效果也是出奇的好，不仅蹭到了热播电视剧的热度，而且还引发了大量追剧粉的评论和转发。

（3）能够引发读者讨论或者共鸣的素材

好的素材不只是能够提供足够的信息增量、增加文章的说服力，还具有引导读者讨论的功能。有的素材即便是写在文章里，给人的感觉也是可有可无；而有的素材甚至有直接引爆文章热度的作用。

当年尹惟楚曾以一篇《我不恨你，但也不会原谅你》的文章获得了全网过亿的阅读量。我曾经认真研读过这篇文章，尤其是对其中用到郭德纲的例子印象深刻。那是一段郭德纲接受记者采访时说的话："其实我挺厌恶那种不明白任何情况，就劝你一定要大度的人，离他远一点，雷劈他的时候会连累到你。"

郭德纲的这段话撕开了生活中大部分伪善者和"精致利己主义者"的伪装，让每一个读过的人都有一种"爽"的感觉，而也正是这样的畅快淋漓感，让《我不恨你，但也不会原谅你》这篇文和读者的距离拉得更近了。

2. 盘点不合格素材的突出表现

（1）严重失实

由于自身积累并不多，相关的知识并不扎实，很多新手作者对一些素材都是知其然，不知其所以然，这导致在文章中出现"关公战秦琼——挨不上"的严重失实内容。如错将两个不在一个时代的人物写在了一起，将著名事件中的主要人物错写成他人等等。我曾经指导学员写过一篇关于徐霞客的文章，学员在那篇文章里犯了一个很低级的错误：将徐霞客的高祖父徐经和唐伯虎的故事，直接李代桃僵成了徐霞客和唐伯虎为知己好友。这是非常低级的错误，要知道，无论是多优秀的文章，一旦在所用素材里出现了严重失实的内容，这篇文章就无药可救了。

（2）造假痕迹太明显

很多新手作者因为找不到合适例子，为了强化文章的说服力，不得不开始现编例子。但由于造假痕迹太明显，非但没能增加文章说服力，反而起了相反的效果，让读者产生了反感的情绪。

我们来看这样一个片段：

爱情总是悄然而至的，也许下一个转角，你就会遇到一生挚爱。我表哥就是这么遇到表嫂的，当时正在逛街的表姐在街道转角的地方，撞上了因为刚刚失恋的表哥，就是这样一个转角的碰撞让两个人产生了爱情的火花。

这一片段的核心观点就是：爱情靠缘分。但所用的事例明显就是现编的，给人的感觉就是：这一事例不是用来佐证观点的，这一观点是专门为事例而生的。

素材是文章的血肉，文章能否丰满，很大程度上取决于素材，所以新手作者一定要学会量体裁衣，别让不合时宜的素材毁了你的文章。

✒ 日常积累素材的 3 种办法，让你不再无米下锅

"书到用时方恨少"这一现象在新手作者群体中很常见。一来新手作者没有足够的日常积累，没有过硬的写作实力，这导致他们在面对一个选题的时候，没有办法迅速地做出判断，然后从容地写出一篇较好的文章。还有一个原因则是新手作者没有掌握积累素材的正确办法。

在我的朋友圈里有很多写作爱好者，我曾经看到过一个朋友发过这样的朋友圈，他说感觉自己已经进入了"万物可写"的境界。当看到一个社会热点，或者追一个电视剧的时候，朋友的第一反应不是抱着"吃瓜"的心态，而是绞尽脑汁地思考自己可以根据这样的热点或者电视剧，写一篇什么样的文章。

这是一个写作者的基本素养，同时也是一个成熟写作者该有的能力。那么我们在日常生活中应当如何正确积累素材呢？我在这里教大家 3 种办法，熟练掌握这 3 种办法后，各位很快就会发现生活中处处都是写作素材，"无米下锅"的窘境也将一去不复返。

1. 生活远比你想象中更精彩

我曾写过一篇标题为《让好人心寒，才是最大的恶》的文章，

后来这篇文章在平台上获得了数十万＋的阅读量。之所以写这篇文，是因为我在放假期间回老家的时候，听长辈们说起一个远方表亲的故事。

表亲是个古道热肠的人，退休以后便一直在小区里给附近的孩子们无偿补习功课。原本每一个送孩子来补习的家长们都十分客气，可久而久之表亲就发现，来接送孩子的家长们开始越来越不守时，到后来更有甚者需要打电话通知才来接孩子。

这样的情况愈演愈烈，以至于表亲不仅需要帮孩子补习功课，而且还不得不在家搞了个小食堂，给每一个没按时被接走的孩子提供晚饭。隔了一段时间后，深感精力和财力难以为继的表亲暂停了免费补习课，却招来了不少家长的质问和诋毁。我犹然记得长辈说这件事的时候感慨了一句："这么弄，谁还敢做好人？"也正是因为这次闲聊，让我瞬间有了写一篇文章的灵感。

我们的身边也总有这样的人，善良得不到应有的尊重，反而会因为他们的善良而招致伤害，导致这样的好人不敢也不愿再做好事。而在进一步提炼观点后，我最终以《让好人寒心，才是最大的恶》为题写出了这篇爆文。行文没有那么多的精巧设计，文章的素材和灵感都只不过是来自我和长辈的闲聊而已。

很多新手作者都会抱怨自己没有发现素材的敏锐眼睛。但我想说的是，优秀作者不会天生就有这样的敏锐感，大部分人都是在这样不断摸索写作的过程中，逐渐练就了一双随时发现素材的眼睛。

从一开始的茫然不知所措，到发现了一个素材可以写，但是我不知道该怎么写，再到我发现了这个素材，而且脑子里瞬间就有了思路。这是一个慢慢转变的过程，因为写作本身就不是一个即时见效的行业。你只有慢慢地摸索，才能越往前走越是坦途。

2. 别错过你看过的任何一个视频

对很多人来说在日常用来打发时间的办法，多半是打游戏和看视频。但是对于一个写作者来说，看视频不应当只是一个打发时间、娱乐消遣的途径。更重要的是，我们要利用好自己每一次看视频的机会，搜索该视频中可能成为我们写作素材的任何一个金句、任何一个人物、任何一个内容片段。

我记得综艺节目《奇葩说》热播的时候，我们一群写作同好者们甚至组了一个微信群，每次在看完节目之后大家都会在群里各抒己见。比如说本期视频里有哪些内容可以成为我们的写作素材，有哪些内容可以成为我们写作的观点，有哪些内容值得我们记录下来等等。有一期经济学家薛兆丰教授把婚姻比喻成开合资公司的那一段精彩论述成为我一篇文章的开头，那篇文章是这样开头的：

经济学家薛兆丰在参加综艺节目《奇葩说》的时候，这样诠释婚姻："结婚就是办家族企业，签的是一张终生批发的期货合同。"几乎每一段婚姻的开头都是甜蜜，但随着时移世易，曾甜蜜开局的婚姻却处处亮起红灯。这也就是为什么电视剧《我的前半生》中，罗子君的母亲会说："多少夫妻是在同床异梦？"那么到底是什么原因，让那些海誓山盟沦为泡影，更让婚姻进入困局了呢？

以热播综艺节目的金句和观点，展开整篇文章的叙述，这是比较常见，而且比较经典的写作处理。

在之前的文章里，我也提到过电视剧《欢乐颂》。在这部电视剧热播的那段时间里，它所呈现出来的相关剧情和人物为无数写作者提供了大量的写作素材。所以，对于写作者来说，千万不要把看视频真的当成一种消遣，当你真正利用好自己看视频的每一次机会，你会发现自己可写的东西有很多。

尤其是对于一些电影、电视剧、综艺节目中争议特别大的情节和观点，一定要引起重视。因为这些情节往往都是能够成为我们文章亮点的内容来源之一。而除了争议情节之外，对于一些经典的台词我们也要做好笔记，这些都会成为我们的写作素材来源，甚至是选题来源。

对于每一个写作者来说，当你真正踏上写作这条路的时候，就要像猎犬一样搜集视频中所有可以挖掘成为文章内容的相关素材，这是写作者的基本素养，也是新手作者必须要练就的技能。

3. 把握阅读的深度与广度

诚然，一个写作者想要写出优质文章，势必要有着非常深厚的文化积淀。这些优质作者总是会在别人看不到的时候，认真做积累，认真做好知识输入。而也是这样的默默努力让他们练就了无论面对怎样的选题，都能够将各种事例信手拈来的能力。

但对于新手作者来说，每一个可以写作变现的机会都难能可贵。如果还继续坚持着所谓的深度阅读，将一本名著或者将一部经典视频从头到尾看一遍的话，那么我们的时间就基本消化殆尽了。所以最可行的办法就是我们要优先考虑阅读的广度。阅读深度固然也很重要，但跟阅读广度相比，只能排在第二位。

不知道大家有没有发现，在抖音等短视频平台中会有这样一部分视频内容：通常是以盘点经典句子，或者剪辑一些电视剧中最经典的片段为主。对于这样的短视频账号，我们一定要关注。

当我们发现有这样几个句子，或者有这样几个视频片段能够完美契合我们所要写的文章内容时，我们可以反过头来去追溯经典句子来源于哪一篇文章、哪一本书，去追溯经典内容来自哪一部电视剧，弄清楚这部电视剧的人物关系、时代背景等等。在弄清楚之后，我们才能更好地利用这一素材，并将之成为能够为我们文章增光添彩的内容。这样的阅读方式可以让我们在短时间内找到合适的写作素材，当然从写作的长远发展来看，阅读深度是至关重要的日常积累办法之一，不容忽视。短期拼广度，长期拼深度，也唯有如此，我们的写作路才能行稳致远。

什么样的素材，才算高级感十足的写作素材？

素材是关乎文章内容是否丰富的重要因素，同时也是集中体现作者文学积累的重要指标，但伴随着内容同质化现象的不断加剧，越来越多人开始感慨自己没什么素材可以用了，新手作者则更显得处境尴尬。曾经有学员跟我吐槽过："满以为自己写出了一篇角度清奇的好文，可等到发布的时候才发现，类似题材、类似角度的文章早就满天飞了。"

我们来思考这样一个问题：角度、素材和语言，在这 3 个写作重要组成要素中，最容易优化调整的是哪一个？毫无疑问是素材。为什么这么说呢？

写作角度应该算是上述 3 个要素里最难调整的，因为这需要作者花费漫长的时间去锤炼自己分析选题的能力。

行文语言同样是个需要循序渐进的要素，从口语化的表述到语言得体，这需要作者不断学习和思考，不断学习写作前辈们的遣词造句，不断学习经典文章和书籍中的相关内容，同时还要思考自身的不足，不断摸索自己在文章用词上的问题并加以改正。

而和语言、角度相比，在素材方面下功夫改善写作能力则显得容易很多，这也是新手作者最容易上手，同时也是最容易见效的方面。即便是面对同一个选题、同一个角度、同一个文章风格，但只要用来佐证的素材比他人高级，比他人更丰满，那毫无疑问更胜一筹。我们来看下面这两个例子。

【例1】

如今提起演员黄渤，我想不会有人质疑他一线明星的地位。但在尤其看脸的娱乐圈里，黄渤一路走来实属不易。而伴随着黄渤的标签，通常都是高情商和实力派，很多人都说高情商就是圆滑世故，但却很少有人说黄渤是个圆滑的人。

黄渤的高情商表现在他的日常采访中，曾有记者问他能否超越葛优的时候，黄渤这样回答："这个时代不会阻挡你自己闪耀，但你也覆盖不了任何人的光辉，因为人家曾是开天辟地、创时代的电影人。我们只是继续前行的一些晚辈，对这个不敢造次。"

这是一道很难答的题目，但黄渤却给了完美的答案。和其余只知道背稿子、"打太极"的明星相比，黄渤的回答就像是和风细雨般，在回答了答案的同时，既肯定了前辈，也认可了自己。

在所有成年人都陷入"世故"的怪圈中时，黄渤用自己的人生给大家诠释了什么叫"知世故而不世故"。面对"世故"的人，你只会感到油腻和距离感；而面对"知世故而不世故"的人，你能感知到的，只有温暖与被认可。

【例2】

不知道从什么时候开始，"油腻"几乎变成了中年群体的共性问题，"处世圆滑"似乎变成了每个中年人必备的能力。但我一位本家的叔叔却在成年人的世界里，活成了一股清流。无论是谁跟他说话，都会有种如沐春风的感觉，因为和他交流感觉不到任何代沟的问题，叔叔也从来都不因为自己的辈分而对小辈的事情横加干预，只会在适当的时候给一些建议。

当提到催婚话题的时候，其他长辈都热火朝天地加入催婚大军中去，唯有叔叔会在这种时候，为我们小辈说话："孩子们都有自己的生活节奏，我们长辈的观念早就不适合当下的社会了。"在所有成年人都陷入"世故"的怪圈中时，叔叔用自己的人生给大家诠释了什么叫"知世故而不世故"。面对"世故"的人，你只会感到油腻和距离感；而面对"知世故而不世故"的人，你能感知到的，只有温暖与被认可。

例1和例2的观点是一致的，都是为了说明"知世故而不世故"的人是怎样的。但不同的地方在于，例1引用的是演员黄渤的例子，而例2则是直接采用身边人的故事，这两个例子的说服力已经不言而喻。当然，如果使用身边人的例子能够处理得真实可信，且直击读者痛点，自然也能起到意想不到的效果，但如果写作者没有足够把握的话，还是多积累一些名人事例用作佐证。

从上面的两个例子，我们也可以清楚地感觉到：仅仅只是换了一个素材，文章质感就有了天壤之别。那么，回到我们标题所提及的问题：到底什么样的素材，才算是高级感十足的写作素材呢？高级感十足的写作素材有两个很典型的特点：素材具有普适性；脱胎于日常耳熟能详的话题和事例。下面我们来一一解释。

1. 素材具有普适性

普适性，换句话来说，就是一个素材可以通过"换汤不换药"的方式，匹配到不同类型的文章中去。新手作者一定要多多掌握类似普适性极强的素材，因为这样的素材在紧要关头是可以拿来"救命"的。尤其是对于那些写作积累比较薄弱的作者来说，多掌握一些普适性强的素材，可以让我们在面对任何选题都有话可说，有文可写。我们来看下面这两个例子。

【例1】

被徐志摩抛弃后，心灰意冷的张幼仪终于还是放下了，她一个人前往异国他乡，从人生地不熟到成为名媛女强人。这之中，张幼仪到底经历了什么？谁也不得而知，人们只知道当张幼仪重新出现在公众视线的时候，已经是她载誉满身，十个徐志摩也配不上她的时候了。

未婚之前的张幼仪又何尝不快乐？出生在赫赫有名的富商家庭，即便是在兵荒马乱的年代里，张幼仪都未曾尝过人间疾苦。而徐志摩的出现，让她一见倾心。曾几何时她也将自己的幸福都寄托在徐志摩的身上，但等自己被迫离婚，不得不一个人独面世界的时候，张幼仪也用自己的方式和这个世界和解了。

我们羡慕张幼仪未婚时的幸福，感慨张幼仪婚姻中的折磨，更被离婚后张幼仪的自强而惊艳。很多时候，我们并非一个人不能精彩，也并非自己的精彩一定要别人为我们实现，人生的主角只能是自己，而非别人。

【例2】

婚姻需要经营，三观契合只是准入标准。民国著名诗人徐志摩作为当时文坛的青年才俊，婚姻生活却总是受人诟病。作为江南巨富徐家的公子爷，徐志摩一生共有过两段婚姻。前者是同样上流社会的张家小姐张幼仪，后者是上海滩名媛陆小曼。

徐志摩的第一段婚姻纯属儿戏，无奈迫于家族压力而结婚的徐志摩，最终为了追求才女林徽因，强迫备受冷落且怀有身孕的妻子张幼仪打胎离婚。

物质上的门当户对，并没有让这对新人获得契合的三观，家族包办式的婚姻也最终未能长久，1922 年徐志摩张幼仪签字离婚，宣告结束。

我们可以看到例 1 和例 2 都用的是徐志摩与张幼仪的例子，但同一个例子却用来论证不同的观点。例 1 用来论证"自己人生的幸福不应该寄托在别人身上"，例 2 用来论证"婚姻里，物质上的门当户对还远远不够"。即便面对不同的观点，只要稍做修改我们就可以使用，这就是素材的普适性。

2. 脱胎于日常耳熟能详的话题和事例

之前我也曾兼职做过一些公众号的审稿编辑，很多来稿文章之所以会被毙掉的原因，是因为他们写得没有新意。这里说的没有新意不仅仅指的是选题和角度，还指文中所用的素材。

举一个最简单的例子。大家提到民国的爱情故事时，很多作者第一反应就是那段著名的四角恋——林徽因、徐志摩、梁思成、金岳霖。但对于编辑和读者来说，这个例子已经看过很多很多遍了，已经无法在内心激起任何波澜了。这就属于典型的素材老套。

但素材老套和素材具有高级感往往也在一线之间，这就跟能将常见的选题讲出新意一样，如果能在常见素材上再进一步挖出新素材的话，就会让读者有种刮目相看的感觉。

同样是林徽因的例子，我们来看下面这个例子：

后来的林徽因再提起当年和徐志摩的旧事时，这样说道："志摩爱的不是真正的我，而是他想象出来的林徽因。"

这就是所谓的"脱胎于日常耳熟能详的话题和事例"。很多人都知道林徽因和徐志摩之间的故事，却很少有人知道林徽因曾对徐志摩做过这样的评价，而这种更进一步的素材，反而更能打动读者，因为读者通过这篇文章收获了意想不到的信息量。

一篇文章最大的价值，就是给读者带来想要的答案或者意想不到的知识，而这也是我们写作者最大的意义。

📝 最考验素材运用的文章类型：人物稿到底该怎么写？

不同的文章类型对于素材的运用要求是不一样的，而如果论及对素材的运用要求最高的文章类别，莫过于人物稿。很多新手作者不知道的是，人物稿其实是写作市场中需求量很大的一类文章，因为人物稿不仅满足读者所期待的信息增量，而且还能适应各种内容创作要求。比如我可以借助某一人物的生平来传达某些观点和道理，人物稿还可以形成传记出版，甚至可以作为短视频的内容文案来使用。可以说，对于每一个写作者来说，人物稿是一个不得不学的文章类型。

作为拥有着 5000 年历史积淀的文明古国，在豪杰如云、名士如雨的文化长廊中，我们有太多的人物值得一写，但由于无法掌握人物稿的写作精要，绝大多数作者都将原本有血有肉的人物，写成了枯燥无味的百度百科。

作为一个方兴未艾的领域方向，人物稿很值得各位沉下心来默默耕耘。而为了让大家更好地掌握人物稿的写作方法，我也将按照自己的经验从古代政治向人物、古代风月向人物、民国向人物、当代向人物这 4 个范畴，分别从选题、立意、语言 3 个维度，来深度剖析如何打造一篇优质人物稿。

在详细展开之前，作为共性的问题，人物稿有以下几个必须要避免的写作陷阱。

第一，耳熟能详、难以找到好角度的人物不写。比如李白、杜甫，如果没办法写出新意的话，仅仅介绍百度百科上的相关生平，这样的文章是没办法获得阅读量的。但如果面对这样的人物可以找到一个很好的切入点，只展现该人物一个维度的文章，还是很值得尝试的。

第二，毫无争议、被钉在历史耻辱柱上的人物不写。对于一些毫无争议的反面形象不要去写。我们最应该挖掘的，应该是那些整体处于正面角色，但却又值得争议的人物。通过上帝视角分析当时该人物的历史抉择和造成他这样去做的深层次原因，这样的人物稿才能得到青睐。

第三，不要写人物捕风捉影的野史。其实人物稿和历史文化类的文章是一样的，一定要注意真实可靠，内容必须基于第一手资料，而不是在别人已经演绎过的版本上进行第三次创作。对于那些并不被正史认可的历史记载，我们在写人物稿的时候，要注意规避，不要将捕风捉影的野史作为佐证资料。

接下来，我们开始正式深度剖析如何打造一篇优质人物稿。

1. 古代政治向人物写作

我听过这样一句话："你读过的每一页纸，都是一个个人生。"滚滚长江东逝水，历朝历代的王侯将相不胜枚举，纵然是那些为人熟知的历史人物，也有太多不为人所知的故事。一个好的人物稿写作者，就是将那些泯然历史的伟大人物，或者是那些为人熟知人物的另类一面，用演绎的方式写出来。

之所以将古代的政治向人物和风月向人物区分开来写的原因，是因为泛情感领域的人物类美文稿，与历史文化领域的人物稿有所不同。

什么是古代政治向的人物呢？一言以蔽之，即帝王将相。比如历史上的某位皇帝、某一时期的著名战将、某个朝代的清流文臣，这些都属于政治向的古代人物。这样的人物稿更多地倾向于历史文化类范畴，而不属于泛情感领域的人物类美文稿。

在选题上，古代政治向人物的最佳选择对象应该是那些如今已经很少有人提起，却在历史上留下浓墨重彩一笔的历史人物。

举一些简单的例子。唐宗宋祖、秦皇汉武，都是历史上赫赫有名的皇帝，以这些人物为对象去写人物稿的话，在选题上就已经落于人后了。相反，找一些名气不大但是本事不小的皇帝来写，在内容稀缺性这一块上已经完胜了。比如：唐宪宗、唐宣宗、宋仁宗、明仁宗、汉宣帝等等。

而在立意方面，古代政治向人物通常都有着自己的政治主张或者政治表现，这类人物稿最忌讳的，就是单纯用理论来阐述人物的政治主张，比如写王安石，大篇幅引用王安石变法的原文。人物稿说到底是关于一个人的故事稿，可读性是文章优劣至关重要的考量标准之一。基于该人物的真实人生或者正史资料，用生动形象的语言来向读者展现这个人物，这才是文章能生动起来的秘诀所在。

最后是语言方面，古代政治向的人物稿通常并不夹带作者的主观情感，而是基于展现历史事实来让读者自行理解该人物。因此在文章的语言上，一定要注意避免情绪式的描写，不要为了渲染某种气氛，而出现给自己"加戏"的情况。比如写"崇祯殉国"，为了展现崇祯的悲壮，可以写崇祯的辗转反侧等等，针对史料记载做一定程度上的演绎，但不可以强行给崇祯加上一段死前的内心戏，甚至用自问自答的方式。

2. 古代风月向人物写作

而和古代政治向人物相区分的，是古代风月向的人物，如历朝历代的文人墨客。古代风月向人物稿的着眼点通常都是该人物的人生境遇、文学成就等等，涉及其政治主张的内容则只占少量篇幅。比如我现在正在更新的唐朝诗人的人物稿，就属于风月向的人物稿。

如果要写风月向古代人物的话，需要注意的是，在选题上一定要避开常被提及的历史人物，比如一提到诗人就会联想到的人物李白、杜甫等。除此以外，有些人品极差，有着怎么写都洗不白的政治劣迹的人物也不要去写。

举两个例子。宋之问是唐朝有名的大诗人，但当你认真了解过宋之问的生平后，会发现此人留下的史料和事迹基本全是恶事。如宋之问这样的反派角色，就不要作为文章选题了。另一个例子是王维，安史之乱时王维曾在两京沦陷时被安禄山俘虏，还接受了安禄山的伪职，这是王维一生抹不去的政治污点，但王维是可以"洗白"的，他为了不接受伪职，吃泻药、绝食，还在最终无奈接受后写了一首诗来追思故国，后来就是因为这首诗，在安史之乱平息后，朝廷开始秋后算账时没将王维斩首，只是降职处罚。

而在立意上，风月向的历史人物稿可以夹带一定量的"私货"，通过对于人物的演绎，加入作者主观的情绪，用该人物来传达作者想要表达的某种思想。

比如，我想通过写苏轼来表达"人生实苦，但你可以做自己的蜜糖"这一句"鸡汤"，那我就可以在写苏轼的人物稿时，有意识地突出苏轼的豁达，而减少苏轼也曾时不时在诗词中出现的人生苦闷。

但切忌不要无中生有，不要扭曲人物生平，允许一定程度上的演绎是风月向人物稿区别于政治向人物稿最大的特点，但改编不是胡编，所有的演绎都需要基于正史的第一手资料。

需要特别强调的是语言方面，因为不少文人墨客都在朝为官，所以当我们打算写他们的政治主张时，可以朝政治向人物的写作方向努力；而当我们更倾向于写他的生平等与政治无关的素材时，则可以朝着风月向人物的方向努力。

举一些既可以写成风月向，也可以写成政治向的人物例子："先天下之忧而忧，后天下之乐而乐"的范仲淹；"落花人独立，微雨燕双飞"的晏殊；同时写出"钟鼎山林都是梦，人间宠辱休惊"和"了却君王天下事，赢得生前身后名"的辛弃疾；等等。这些人物都有着两面性：一方面他们在政治上很有作为，另一方面他们的文学造诣也很高。所以当你更倾向于写哪一方面的时候，就要对文章行文语言做相应的调整。政治向人物稿基于史料记载，逻辑严谨，语言客观，有棱有角，不卑不亢；风月向人物稿基于正史进行一定程度上的主观演绎，语言优美，文字细腻隽永，能够看出作者的主观意图。

3. 民国向人物写作

很多人提到民国都会觉得那是个尽出大师的时代，虽然战乱不断，国家积贫积弱，但那个时代出现的传奇人物数不胜数。

作为一个比较特殊的历史时期，在民国向人物选题上我们需要注意以下3类人不写：典型反面角色不写；有着巨大争议的人物不写；涉及敏感事件、敏感时期的人物不写。作为一名文字爱好者，我们只讨论文学范畴之内的人或事。

而在立意上，我们在讨论民国向人物的时候，可以通过描写他的生平来展现我们试图从他们身上所获得的某些精神以及想要歌颂的某种品格。民国向的人物稿通常都带着浓浓的作者主观色彩，就像是以人物为外衣的情感观点文一样。以一个人物的人生经历，来传达一些道理和精神。

而要想判断以什么语言来刻画民国向人物时，最好的办法是先用几个关键词来形容一下你想要描写的人物，然后你就会知道，你笔下的人物稿风格该定为什么了。

4. 当代向人物写作

作为解读人物稿的最后一个部分，当代向人物的写作和前3种人物稿相比，限制的规则更多也更严格，比如在写明星等公众人物时，不要捕风捉影，混淆视听，否则可能会招致法律纠纷。

而在立意上，当代向的人物稿和民国向人物稿有些类似，都是借讲述一个人的生平事迹，来传达某种精神，致敬某种情怀。

将"鸡汤"和道理融入人物生平：比如我想通过讲述林正英的人生境遇来缅怀僵尸电影逝去的黄金时代，比如我想通过讲述陈百祥的戏里和戏外的反差来表现爱国精神的可贵，比如我想通过写郑佩佩的苦难一生来突出所有的苦难都是日后的财富，等等。

在语言上要摆脱百度百科式的叙述方式，将人物稿用讲故事的方式讲出来。当代向的人物稿不写政治人物，所以在语言风格上都倾向于柔和温暖的语调，即便是在描述主人公苦难过去的时候，也要有着"世界以痛吻我，我要回报以歌"的温柔。

每一个人的人生都是一部鸿篇巨制，不要妄图用三四千字就将一个人的人生讲透。你的人物写作是将你内心想要表达的观点写出来，不必是那个人物的所有荣光，哪怕是他惊鸿一现的剪影也好。

▶▶▶ 第六章 ◀◀◀

架构能力：从信马由缰到有的放矢，你只需要
　　　这样做

✍ 从 0 开始，如何打造完整的文章架构？

如果我们把一篇文章比喻成一个人的话，那么选题和立意就是这个人的灵魂，内容和素材就是这个人的血肉，而结构则是支撑起这个人的骨架。文章的架构到底有多重要呢？如果一篇文章的架构不清晰的话，那么这篇文章所要表达的内容即便是再好，让读者读起来也是云里雾里的。

很遗憾的是，新手作者群体中很多人都不知道如何打造一篇文章的完整架构，绝大多数的新手作者在写文章的时候，都是处于一种云里雾里、走马观花的状态，他们并没有什么完整的架构思维，而是用走一步看一步的心态在写文章。这样的文章写出来之后就有一个特点，那就是非常的散。

文章看似字数很多、内容也很丰满，但实际上内容都杂糅在一起，没有层次感，让人读起来不知所云。那么针对新手作者的

这一问题，本章节就来着重讲讲如何从 0 开始，打造完整的文章架构。

面对新手作者这样对于架构思维完全没有概念的群体，最简单的办法就是套用一些非常经典的文章架构，而提到最经典的文章架构，莫过于以下几种：总分架构；并列架构；对比架构。下面我们来一一说明。

1. 总分架构

几乎所有人对总分架构都有所了解，因为在我们的学生时代所写的作文绝大部分都是以一个主论点带动 2~3 个分论点的形式来完成的。但是对于自媒体写作来说，对于总分架构的要求，远比学生作文要高得多，我们来看下面这篇文章。

朋友圈的"某人定律"：你有多久没有深爱过一个人了？

万年单身狗的朋友昨天晚上发了一条朋友圈：某人难得这么勤劳，作为奖励，跟她一起去逛街。

察觉到其中暧昧气息的我连忙去问他："脱单这么大的事情居然做得神不知鬼不觉，你小子不是追求身体与灵魂独立吗？怎么现在也难以免俗了？"

原本我以为他会拿出"真爱无敌"之类的矫情话来回绝我，

却没有想到他回了我一句："你不知道朋友圈里的'某人定律'吗？"

"某人定律"就是把你朋友圈里每一条动态的任何一个人物称谓都用"某人"来代替，只要这么一改，你会发现暧昧感爆棚。

比如：妈妈难得这么勤劳，作为奖励，跟她一起去逛街。

这句话按照"某人定律"修改之后，就会变成上述的"某人难得这么勤劳，作为奖励，跟她一起去逛街"。

只要这么一改，无论原始语境是怎样的，字里行间都会有一股恋爱的酸臭味扑面而来。

我说："你不是追求单身主义吗？为什么还要搞这么多假暧昧？"

朋友很认真地回我："之所以假装暧昧，就是为了不暧昧。"

01

不知道大家有没有发现，身边有一种人，他们的条件很不错，追慕者也不少，但他们却始终都没有脱单。这类人为了拒绝别人，通常使出了浑身解数，哪怕是用善意的谎言告诉别人自己已经有了喜欢的人，甚至是有了对象。

我这位朋友就是这样的人，他不仅家境优渥，而且长相出众，妥妥的是一个别人家的孩子。

从刚进大学开始，他的身边就聚拢着不少追慕者，但他大学4年始终都没有脱单，有很多人开玩笑说他一定是个 Gay（男同性恋），所以才会对女生没有兴趣。

但事实上，朋友心里一直住着一个姑娘，从高中开始他就喜欢她，一直到大学也未改初衷。

就像是顾漫说的那样：如果世界上曾经有那个人出现过，其他人都会变成将就，而我不愿意将就。

在朋友发出那条"某人"动态后没多久，有姑娘辗转多人来问我："他是不是已经脱单了？"

我只能打马虎眼说："我也不知道啊。"

姑娘沉默了好久，然后失望地回了我一句："看来他是真的脱单了，我再也没有机会了。"

我突然明白朋友所说的，"假装暧昧是为了不暧昧"是什么意思了。

但事情并没有到此为止，没过多久朋友给我发来了一张他和初恋女生的牵手照。照片里两人四目相对，十指紧握，像是久别重逢的爱人般熟悉。

我说："你小子不是说假装暧昧吗？怎么现在又脱单了？"

他说："因为我等到了命中注定。"

在几番询问之下才知道，朋友和初恋女生之间其实早已暗生情愫，只不过大家都怕捅破这层窗户纸后，连朋友也做不了，所以只能在友谊的伪装下交往着。

爱到了深处，没有十足的把握，谁也不敢冒险越过友情的界限去追求爱情。因为友情还能再退一步，爱情往后退就是万丈深渊。

就在这条"某人"朋友圈更新没多久，初恋女生再也忍不住了。

"听说你脱单了？"

"对呀，我正在和某人聊天呢。"

"哦，好吧……"

"嗯……我怎么觉得某人有点不高兴？"

"哪有，我当然要为你高兴啦……嗯？你说的某人是谁？"

"上一个某人是我妈，接下来的某人都是你。"

虽然我狠狠地吃了一口狗粮，但我突然发现假装暧昧是个很不错的方法。

有时候在爱情里我们会顾忌很多。因为顾忌怕伤到被我们拒绝的人，所以总是会违心地带着一丝感激和对方在一起。

然而这样的感情，往往都不得善终，我们原本的善意最终也会给对方带来莫大的伤害。

02

那些宁愿假装暧昧，也不愿意脱单的人往往深刻明白一个道理：相比一直单身，爱错一个人付出的代价更大。

有时候我们选择开始一段感情，并不是因为我们真的爱对方，而是因为年纪到了，对方条件不错，身边人开始催了。正是在这些外界因素的促进之下，我们才会匆匆忙忙地开始一段感情，匆忙到我们还没有想清楚未来，匆忙到我们还来不及考虑代价。

舟舟大学毕业后没多久，就被家里人安排相亲。随着相亲的对象走了一轮又一轮，舟舟原本憧憬爱情的心态也渐渐崩掉了。终于在那么多没有感觉的对象里，她挑了一个看上去长相不错、家境也不错的人做对象。

认识6个月后，两人步入婚姻殿堂，紧接着一年后生了第一个孩子。

加西亚·马尔克斯在《霍乱时期的爱情》里说过这样一句话：比起婚姻里的巨大灾难，日常的琐碎烦恼才难以躲避。

即便是在爱情基础上的婚姻，都有大概率被鸡毛蒜皮的生活磨平，更何况是这种匆忙建立起来的法定契约呢？

舟舟开始嫌弃老公不解风情，永远都像孩子一样沉浸游戏，无法自拔；而她的老公也嫌弃她变成了一个啰里八嗦的黄脸婆，连孩子都带不好。

在生完孩子的第二年，两个人的婚姻就亮起了红灯。

爱情其实就像是彩虹一样，你永远不知道它会在哪个时刻出现，你能做的只有在它出现之前耐心地等待。

要记住一句话：爱情不是制造出来的，爱情只能靠偶然相遇，出现在你的生命里。

03

现在的年轻群体中存在着大量的焦虑，为了脱单而做出很多违心的选择。

眼前这个人虽然不是自己喜欢的类型，三观也和自己不相符，但我可以跟他谈谈，到时候遇到好的再分手呗。

茫茫人海里哪有那么一个刚好跟自己三观一致，灵魂契合的人呢？找个差不多的就可以了，婚姻就是生活呗，两个人搭伙过日子而已。

…………

我不是想劝你一定要找到一个完全符合自己标准的人再去恋爱，而是想说不要在一开始决定谈恋爱的时候，就带着骑驴找马的心态，因为这不公平，甚至有些无耻。

那个主动跟你表白的人是真的爱你，他把百分之百的爱都给了你，而你则以恋爱之名养了一个"备胎"。

我也不否认婚姻里有生活的影子，但婚姻不等同于生活，婚姻应该是生活加爱情的产物。妄想用爱情方式来度过婚姻的，大多没有好下场；而把婚姻纯粹当作生活的，基本上都会沦为最熟悉的陌生人。

《寒风吹彻》里有一句话：落在一个人一生中的雪，我们不能全部看到。每个人都在自己的生命里，孤独地过冬。

很多人都说，自己之所以选择仓促地开始一段恋情，是因为自己寂寞，害怕孤单。但事实上，孤单是人生里绝大多数时候的状态，即便是脱单以后，孤单也是常态。越是孤独，越要明白自己到底想要什么。

孤独的真正定义并不是自己一个人在黑暗里默默忍受，而是一个人咬着牙在黑暗里坚定不移地走下去。

等你穿过丘壑，走过荆棘，收敛曾经的锋芒，沉淀年少的轻狂后，你会看到一个人站在你的面前，像是久别重逢般朝你张开手，他的眼里有光，光里映衬的是你的模样。

这篇文章是典型的自媒体文章的总分架构，和主论点相比，分论点并不只是简单解释主论点的一个方面，更像是以一个新角度切入主论点，同时又针对主论点做了更深层次的解读。分论点一提到了有这样一个年轻群体，喜欢在朋友圈里制造出暧昧的假象来劝退追求者，目的是等待那个对的人。而分论点二在结合主论点和分论点一的基础上，提出了进一步的观点：和单身相比，一段错误感情所带来的后果更恐怖。分论点三则在总结前文的基础上，提出了第三个观点：别因为焦虑而脱单，并以"你值得更好的人"来结尾。

但新手作者所理解的总分架构，就是将主论点拆分成三个方面来讲。就好比是描述一栋三层楼房，新手作者理解的总分架构就是分别告诉大家楼房的第一层、第二层、第三层具体是什么。这样狭义理解下的总分架构显然是错误的，因为读者所期待的并不是这三层楼里每层具体有什么，也许还包括楼房的所处环境、楼房的原材料等等。

所以新手作者在写作过程中，如果想要运用总分架构的话，一定要注意不要简单地割裂主论点，而是要从不同角度针对主论点来衍生出你的分论点。只有这样，你写出来的文章才能富有深度。

2. 并列架构

并列架构其实很好理解，当我们要针对某个观点或者现象进行阐述的时候，以同一个对象为目标，通过不同的方面进行解释说明或者论证。跟总分架构不一样的是，并列架构彼此之间的内容，有着比较清晰的区分，并没有相互继承或者相互补充说明的关系，甚至可以说，并列架构下的内容顺序是可以打乱的。

我曾写过一篇美食文，题目叫《爱嗦粉的广西人，居然是国服第一战士》，这篇文章以介绍广西的粉为主题，分别介绍了桂林米粉、柳州螺蛳粉和南宁老友粉，3种具有广西代表性的美食并没有必然的先后顺序，而完全是根据作者本人的意愿来进行排列的，这也是很典型的并列架构。

而并列架构在现实写作过程中还有一种表现形式——盘点文。我们来看一下这篇文章的标题：《回顾〈知否〉，剧中这5句台词，说出了为人处世之道，请记住》。其内容主要是盘点了电视剧《知否知否应是绿肥红瘦》中的5句经典台词，如果说一般的并列架构在每一部分的内容之间，至少还有起到缓冲的起承转合内容的话，盘点文则完全是相互割裂开来的，即便是直接删除其中一段，也丝毫不影响其他内容的流畅性。

值得一提的是，盘点文的写作难度很低，比如上述提到的这篇写《知否》的文章，只需要拎出金句，再加以解释说明，就能够形成一篇盘点文。我记得当时我写这篇文章的时候，大概花了半小时，但这篇文的阅读量却达到了惊人的24万，这也从侧面告诉我们，发文的时机很重要。

3. 对比架构

对比架构是指文章的各个板块内容之间是相互对立的内容，作者的本意也是通过这样的对比分析，引导读者自己思考并升华出最终的结论。

新手作者在尝试写对比架构的文章时，一定要注意一点：在写文的过程中，做到一碗水端平。要知道，作者是一篇文章的造物主，在写对比架构的文章时一定不要厚此薄彼。比如 A 和 B 这两个相对独立又相互对立的内容，A 内容情节丰满，有理有据；而 B 内容则一笔带过，无论是在内容体量还是信息增量上都完全无法与 A 相提并论，这是绝不可取的。我们来看下面这篇文章。

精致小情趣，是对女人最好的评价

曾听年迈的姥姥说，在老上海十里洋场的车水马龙中，每到夏天都会有姑娘穿着浅蓝碎花的裙子，左手挎着用白绢布遮盖的竹篮，右手拿着两朵洁白清雅的玉兰花，用清脆的嗓音叫卖。

那样的年代里，名流太太们到了酷热的盛夏时分，都会穿着称体优雅的旗袍，并在胸前别一朵白玉兰花，在拥乱的人群中款款而行。

寻常人家的姑娘，即便是没有旗袍，也会戴着一朵芬芳的白玉兰或者栀子花。乱世中的上海，这些柔弱的女人用精致的打扮和积极的生活态度，抵抗着敌人肆虐的战火。

即便是数十年后的今天，姥姥已经搬离上海远嫁他乡，到了蝉鸣时候，她仍然会寻来白玉兰花，用心地别在自己的胸前，然后迈着她的小脚，蹒跚在田间阡陌。

一丝不苟的银发，整洁干净的青衣，光滑笔直的竹杖。

姥姥用她一生的故事告诉我：保持精致小情趣，是对女人最好的评价。

01

和许久未见的朋友白璐偶然在故乡小镇的街头遇见时，我都不敢相信自己的眼睛：眼前的白璐真的是印象中那个扎着马尾辫，穿着朴素衣裳的姑娘吗？

毕业后的白璐去了上海，除去房租只剩下三四千的她，经常会在朋友圈里晒自己又买了高档化妆品，又换了新潮的发型。

"化妆品能让我活得精致，新发型能让我的生活充满情趣。凡人是不知道我们仙女的生活方式的。"

白璐在朋友圈里这样写道。

可明眼人都知道她在打扮上的花费已经大大超出了她的工资水平。如果不是她年关时跟我们这帮老同学开口借钱的话，我也不知道她完美打扮的背后，是无以复加的财政赤字。

三四千的工资却活出了三四万的生活水平，说的就是像白璐这样的人。在被多个同学提醒不要借钱给白璐后，我也婉拒了白璐的请求。

原本挎着品牌包，画着精致妆容，一副岁月静好的白璐突然变了个人，爆出了一连串熟练的脏话，扬言自己瞎了眼才会把我当朋友。

而在我的印象中，毕业后白璐就只活在我的朋友圈里，从来没有联系过，连点赞之交都不是。白璐临走前的一句话却让我想起了姥姥。

"一个女人不懂精致，整天活得像个黄脸婆，那你攒下来的钱就等着孤独终老用吧。"

我从来都不认为女人不应该花钱在化妆品上，事实上我每天也会早起给自己画一个淡妆，也会在晚上睡觉前给肌肤补水保湿去角质，用的是攒了许久的钱才买下来的神仙水套装。

但"精致小情趣"这五个字绝对不该局限在完美的妆容上，如果精致小情趣意味着入不敷出的话，那一定不是精致而是弱智。

在自己现有的生活状态下拥有精致小情趣，这才是一个成功女人该做的事情。

02

精致小情趣是一种生活态度，更是夫妻维持新鲜感的重要保证。

很多女人在完成妻子身份的转变后，便不再打扮自己，而是全身心地投入相夫教子的角色中去。这样的女人确实很伟大，但也确实很傻。

跟女人不同的是，男人是一种视觉动物，没有男人喜欢自己的老婆整天跟个黄脸婆一样，皮肤粗糙、头发油腻，边煮饭边为了柴米油盐酱醋茶而絮絮叨叨。

当新婚的激情被生活琐事取代的时候，争吵会越来越多，男人抱怨女人不如从前那样可爱迷人，女人抱怨男人没有曾经那么爱自己。

说到底，还是女人丢了那个曾经拥有精致小情趣的自己。

嫂子嫁过来后不久便适应了妻子的身份，放弃了精致的妆容和每年一次的旅游。用她的话来说，省下来的钱可以给自己未出世的孩子买好几罐奶粉。可事实证明，嫂子的生活质量直线下降，而那些省下来的钱却在日常生活中被用掉了。

越是这样，嫂子越是觉得自己需要攒钱，她开始放弃买衣服，永远穿着被洗得变形褪色的T恤，为了蝇头小利和哥哥争论不休。

从以前身材玲珑，俏皮可爱的女友，到眼前身材臃肿、啰唆麻烦的老婆，难以忍受的哥哥终于决定打发嫂子出去旅游几天，然后又给她报了花艺班和瑜伽班，让嫂子每天下班后的时间都变得忙忙碌碌。

当嫂子看到报名费没法退后，只能硬着头皮去学习插画和瑜伽了。

其实很多女人内心都住着一个精致女孩，她们也渴望拥有曾经的玲珑身材，如果给她们机会的话，她们也愿意花时间去改变。虽然花了钱，但哥哥落了个清净，嫂子每晚回家后都能看到哥哥笨拙地在厨房里做晚饭。虽然嘴上说饭难吃，但是嫂子脸上的笑容是遮掩不住的。

生活是两个人的相互扶持，而不是一个人的放弃所有。

久而久之，嫂子肚子上的赘肉渐渐消失，每天晚上都会带着自己的花艺作品回来，并会得到哥哥的赞美。哥哥现在会做两个拿手菜，更重要的是，他明白了柴米油盐酱醋茶背后的心酸。

现在的两个人仿佛又回到结婚前的热恋时期，嫂子觉得哥哥特别能理解自己，而哥哥则觉得嫂子特别漂亮，热衷于带着嫂子去他那帮朋友面前炫耀一番。

"看，这是你们嫂子！"

从爱情到婚姻的转变中，两个人注定要放弃很多，但这并不代表全然否定自己过去的生活方式。婚姻的本质是两个人可以生活得更好，而不是为了生活里的鸡毛蒜皮而相互争吵。

不得不承认的是，男人活得比较糙，对生活情趣也缺乏敏感度，这种时候就需要拥有精致小情趣的女人让一成不变的生活变得多些乐趣。

03

很多女人都说没钱让自己拥有精致小情趣，光是生活就已经让自己喘不过气来。但亲爱的，精致小情趣从来就不是钱换来的，那是一种生活方式，一种生活心态。

精致小情趣不是花艺课、瑜伽课，更不是迪奥、香奈儿、神仙水。

没钱买花的话，那就把房间收拾得干净点；没钱上瑜伽课的话，那就吃完饭和老公出去散散步；没钱买高档化妆品的话，那就按时洗头，至少不要让自己看上去像个没人爱的怨妇。

姥姥已经是满头银发，布满皱纹的脸上长满了老年斑，但她的身上从来就没有所谓的老人味。她的头上别着已经褪成金属颜色的发夹，她的腕上带着淡红色毫无装饰的皮筋，但姥姥始终都是一个拥有精致小情趣的女人。

姥姥的精致小情趣，在她春天时候做出来的青团上，在她夏天时候胸口别着的白玉兰上，在她秋天时候收集桂花做出来的香囊上，在她冬天时候插在房间破瓷瓶中的蜡梅上。

有一句诗写得很好：白发戴花君莫笑，岁月从不败美人。

做一个拥有精致小情趣的女人，才能从容面对一个人的生活，也能更好地经营两个人的婚姻。

这篇文章所用到的"姥姥"和"朋友白娜"，就是一组典型的对比式事例，前者用来告诉读者什么是真正的精致小情趣，而后者则是用来说明什么是"伪精致"。

而这篇文章最巧妙的地方则是在第 3 个事例：通过加入"嫂

子"的这一例子，不仅将文章主题从"精致小情趣是一种生活状态"，升华到了"精致小情趣更是婚姻关系得以稳固的保鲜剂"，而且将"精致——不精致——精致"这一转变完全赋予在"嫂子"这一角色上，用这样的动态变化让读者更直观地感受到"精致小情趣"所带来的裨益。

在对比中丰富内容，在对比中升华主题，带给读者更强烈的冲击感和说服力，这就是对比架构的魅力所在。

当然，上述 3 种文章架构，只是自媒体文章中比较常见且入门级的架构，这是万里长征的第一步。让我们从 0 开始，从容不迫，直到写出自己满意的文章。

✒ 关于开头，你所不知道的4种处理方式

不知道大家有没有这样一个感觉，有时候明明有很多话想说，明明自己已经打好了腹稿，但当我们真正开始提笔去写的时候，却直接卡在了开头。写作对一篇文章开头的要求很高，一个优秀的文章开头必然要具备"凤头"。开题如果开得不漂亮，读者很有可能一看开头就不想再继续看下去了，但如果开头能够给读者眼前一亮的感觉，或者说能够成功激发读者的兴趣的话，那么读者继续往下看的概率就大大增加了。

很多新手作者之所以会卡在开头的原因，是因为他们缺乏足够的写作经验。在面对如何处理开头的时候，显得非常局促、不知所措。其实开头也是有技巧的，本节内容我们来着重讲一讲关于开头的4种处理方式，相信学会了这4种处理方式之后，再次面对文章开头的时候，我们也一定有合适的方式处理。

1. 名人名言法

我们经常会在文章中引用名人名言，以此来增加文章的权威性和可读性。其实名人名言也是可以直接用在开头的，但是一定

要注意一点：开头不能光靠名人名言。通常在引用之后，我们还应当对其加以解释说明，同时还要融入自己的看法，并且很自然地从名人名言过渡到文章主题上去。我们来看下面这个开头。

听过这样一句谚语："天上的繁星数得清，自己脸上的煤烟看不见。"每个人似乎终其一生都在寻找答案，人生不断前进的过程，也是不断求索一个又一个新问题的过程。但如果说人生最迷惘的阶段是什么时候，莫过于30岁左右的人生。

刚刚播完的电视剧《三十而已》也看到了这一点，全片将镜头聚焦在3个出身不同、性格各异的女性身上，在行将30岁的人生里，她们面对各自的焦虑和困境。我们不得不承认的是，30岁对于女性的杀伤力远远高于男性，不过与顾佳被丈夫出轨，钟晓芹和丈夫离婚相比，快要30岁的王漫妮所面对的问题显得更接地气——找对象。

这篇文章的开头就是严格遵循了"名言＋解释＋引入主题"的规则来写的，行文一气呵成，既没有让读者觉得引用内容突兀，又恰到好处地把内容引到了文章主题上去。

很多新手作者所面对的写作困局，往往是因为写作积累不够而导致在写文过程中，因为找不到合适的名人名言而出现强行关联，所引用的名人名言与需佐证观点不相符合的情况，这非但没有让读者觉得理论扎实，反而会被读者怀疑有"掉书袋"的嫌疑。当然，并不是所有的开头都必须要用名人名言，如果实在没有合适的，新手作者也别纠缠，因为我们还有其他的开头处理方式。

2．热点关联法

如果是写热点文的话，那么最好的开头处理方式就是直接切入热点话题或者热点事件本身，在热点的相关内容没说清楚之前，作者不要增加任何内容。读者之所以会点开这篇文的本质原因，是因为他对热点内容有兴趣，而作者的相关评论和说明只是锦上添花的内容，所以热点文一定要遵循"热点必须开头讲"的原则。我们来看下面这个开头：

在昆山世硕电子厂因为粗暴发放工作证而引发员工离职潮的新闻冲上热搜后，很多人愤慨于电子厂不尊重员工，更有人直言这样的企业文化注定了这一企业留不住人才，而我却在评论区里看到了这样一段话："等你步入社会后就会发现，为难你的从来都不是那些高高在上的大人物，而是那些跟你差不多的普通人。出于种种原因，他们比你多出了那么一星半点微不足道的权力，但就是这样的权力，让他们有了作威作福的资本。"

昆山世硕电子厂的负责人应该也没有想到，自己没有被同行打败，也没有被疫情打垮，反而因为3个公司基层小领导的举动，把公司大好的局面瞬间摧毁，目前世硕电子厂的新产线已经全部瘫痪。不过，在这起突然而至的热搜新闻里，我们更应当看到的是普通人之间的相互伤害。昆山世硕电子厂粗暴发放工作证，侮辱员工的背后，其实暴露了一条让人难受的底层逻辑：生活中的绝大多数不公，都来自普通人欺负普通人。

　　这是针对即时热点写的一篇评论文，文章开头直接说明相关热点的主要内容，同时借助热点新闻下方评论区里的网友评论，来进一步引爆话题热度，从而为接下来表达作者自己的观点做准备。

　　对于直接引用热点做开头的文章，在处理开头的时候一定要做到语言简练，不要将该热点事件或内容原原本本的复述，这会占用大量的文字，而且会让文章整体产生头重脚轻的感觉，我们只需要用简短精练的内容说清楚即可。

3. 推己及人法

　　想让自己的文章得到读者青睐，最直接的办法就是让读者对作者产生亲切感。无论用怎样的文字描述，都比不上作者用真情实感写出来的亲身经历，所以有些作者在处理开头的时候，都是直接讲述一段自己的故事，从自己的故事出发，最后过渡到文章的主题上去。我们来看下面这个开头。

有段时间我总是失眠，经常在很多个快要入睡的深夜突然一身冷汗地惊醒，然后睁着眼睛，对着漆黑一片的房间，直到天亮。在看了心理医生后，医生诊断为轻度抑郁，并劝我凡事看开点，不要总是那么不开心。

村上春树在《且听风吟》中说："心情抑郁的人只能做抑郁的梦，要是更加抑郁，连梦都不做的。"我确实不做梦了，因为我已经很久没有睡一个完整的夜晚了。后来因为公司搬迁，临时把员工宿舍搬到了一个老小区。我到这片小区的时候，抑郁症已经严重到不得不靠吃药来维持，但我没想到，来这儿的第一夜，我睡了一年来第一个安稳的觉。

推己及人法最大的好处就是能让读者与作者之间，借助文字的力量建立一种微妙的联系，但在使用过程中新手作者一定要注意的是，不要随意捏造自己的亲身经历。曾有个学员将推己及人法用到了极端，以至于有粉丝在他某一篇文章下方评论了一句："看了你这么多篇文章，我发现你真是个全才，到目前为止，你已经有 6 个大学专业了……"胡编乱造的结果就是当场破功,这位学员从此以后也再没用过推己及人法来开头。所以,当新手作者使用推己及人法的时候,我们要注意把握度,尽可能地用真情实感来写,也唯有亲身经历才能让读者感同身受。

4.场景切换法

有一种文章的开头很像电影中的蒙太奇手法,通过一个特殊的场景,或者一个特定的时间节点来展开文章的论述。这样的开头处理方式能够直接调动读者的兴趣,尤其是当作者选中的场景很有故事性的时候,会瞬间抓住读者的好奇心理。从一个特定场景再切换回上帝视角,正式展开对文章的论述,类似于电影般的场景切换,会让这篇文章更具有画面感和代入感。我们来看下面这个开头。

唐肃宗至德初年,被迫成为太上皇的玄宗李隆基早已没有了开元天子的巍巍圣颜,而那位"云想衣裳花想容"的杨玉环也在不久前香消玉殒于马嵬坡。

真正沦为孤家寡人的李隆基带着残兵败将仓皇逃入蜀地,惊魂稍定之后,他想起了已经辞世 15 年的张九龄。满目是山河破碎,到处是生灵涂炭。悲从中来的李隆基遥空为张九龄的魂灵献上了迟来的挽联：蜀道铃声，此际念公真晚矣；曲江风度，他年卜相孰如之？

南美洲的蝴蝶轻轻扇动翅膀，能引发美国得克萨斯州的龙卷风。历史长河浩荡，其间也有无数个不经意的一念之差，造成了天翻地覆的政局变化。对于唐玄宗来说，张九龄就是盛唐的那只蝴蝶，一个一念可以改变历史的人物。

但面对历史馈赠给盛唐的这份丰厚礼物，英明一世的唐玄宗选择拒绝了张九龄的提醒，选择将原本已成阶下死囚的安禄山放归山林。也正是在开元二十四年（736年），从唐玄宗决定无罪释放安禄山的那一刻起，历史无常的命轮已悄然转动，盛唐的丧钟正式敲响了。

这篇文章来自我写的人物稿《张九龄：盛唐的明月，张九龄的天涯，他走以后，大唐开始没落》，即便是这样一个比较冷门的人物，这篇文章也最终收获了接近 5 万的阅读量，有读者在下面评论说："这文章写得跟拍电影一样。"之所以能得到读者这样的赞美，正是因为我通篇都采用了场景切换法来处理，将张九龄这一人物的重大人生时刻尽可能地还原出来。

场景切换法是开头处理方式中最难，但也是最高级的一种方式。之所以难，是因为很多新手作者会在写一个场景的时候直接带偏主题，或者在写某一场景的时候没办法再拉回主线。所以对于场景切换法的使用，新手作者要慎之又慎，在写作过程中牢牢把握一个认识：我所写的场景片段，只是为了服务主线内容。

一篇文章能不能出彩，开头是关键，如果新手作者不知道该怎么开头的话，不妨先从学习上述 4 种处理办法开始。

📝 一个余音不绝的结尾是怎样炼成的？

大家都应该听过这样的话：一篇好文章必须具备凤头、猪肚、豹尾。也就是说好文章开头要先声夺人，内容要丰富有料，结尾要简洁明了，不要拖泥带水。关于内容和开头的技巧和注意事项前文已经谈过，本章节我们来探讨一下结尾的写作要点。

新手作者对"豹尾"的认识很狭隘，他们所认为的"豹尾"就是结尾要尽快结束短一点，这就导致很多新手作者在结尾的时候显得"行色匆匆"，让人读起来有种话说一半的感觉。一些写得还算不错的作者，好不容易通过文章烘托了气氛，但也因为结尾的匆匆一笔，而让整个文章的意境荡然无存。

结尾在文章写作中发挥着独一无二的作用，因为一个好的结尾不仅能够让文章更加意境悠远，而且可以启迪读者去评论和转发。作为读者的"最后一眼回眸"，结尾也决定了读者能否变成真爱粉。我对结尾的要求很高，在我看来，简洁明了其实只是对结尾最基本的要求，结尾至少要达到"余音绕梁"的效果，即便是文章已经结束，也能让读者停下三五秒的时间回味这整篇文章。

就我自身的写作经验来看，我认为好的文章结尾处理方法大致可以分为以下两个：名句启发法；蒙太奇手法。下面我来具体解释。

1. 名句启发法

顾名思义，我们在文章结尾的时候以名言或者金句结尾，这一方法的好处在于极易引起读者共鸣，同时由于金句自带语言干练、内容深远的优点，而使得文章结尾也满足了"豹尾"这一要求。

我们来看这样一个结尾：

网络救助只能是山穷水尽后的最后一个办法，而不能是仍有余力时的选择。被扒出来的反转事件无一不是在消费大众的善意，当好人全部缄默心寒的时候，那些真正需要帮助的人还有机会吗？

雪崩的时候，没有一片雪花是无辜的。纵然是一片微不足道的雪花，也别忘了去坚守内心的温暖与纯良。

这一结尾就是典型地运用了名句启发法的结尾，"雪崩的时候，没有一片雪花是无辜的"这句话来自法国思想家伏尔泰的名句，用这句话是意在告诫所有人，我们每个人都不能对"消遣善良"的行为熟视无睹。而紧跟着后面这句："纵然是一片微不足道的雪花，也别忘了去坚守内心的温暖与纯良。"则是在承接伏尔泰的名言后，又化用了高晓松那句著名的句子："一生温暖纯良，不舍爱与自由。"整体一气呵成，同时用这样温柔的句子做结尾，也可以让文章本身略显激烈的措辞得以平缓，就像是汹涌的江水经过大坝之后变得温和起来，这对于读者来说，也是一种思想的缓冲。

大家在使用名句启发法来处理结尾的时候，有一个关键点需要注意：不要去引用那些棱角鲜明的名句，因为这些名句通常只适合开头，而不适合结尾。

比如"骄傲使人落后，谦虚使人进步"，这类带着名言警句性质的句子并不适合用在结尾，因为这类句子虽然足够简练，但同样有收势过快，给人戛然而止的感觉。而那些笔调温暖、带着劝导和舒缓性质的金句则比较合适结尾，比如"生活不止眼前的苟且，还有诗和远方"等等。

2. 蒙太奇手法

将整个故事重新拉回到一个场景，或者定格在某一个瞬间。写作者需要格外注意的是，结尾时所选定的场景或者时间点，一定要具有终结的意味。这种处理办法经常被运用在人物稿上，而且收效奇佳。

那么，什么才算是"具有终结意味"的场景呢？我们来看下面这两个结尾。

【例1】

"对不起呀，往后的日子，就要靠你自己了，我也只能陪你到这里了……"一直风轻云淡的老关突然声音哽咽，他的眼眶一红，泪水险些沁出来，但这位坚强的老人终究还是迅速用轻笑掩去悲伤，"我相信你的，我的女儿一直是个坚强的孩子。"

老关是在第三天黄昏去世的，他的女儿按照老关早就交代过的话买好了寿衣和一应用品，匆匆消失在了逐渐黑暗的巷子里……就是在那样的黄昏里，我突然想起作家迟子建的一句话：生活不是上帝的诗篇，而是凡人的欢笑与眼泪。当我们踏上时间列车的那一刻起，就该明白，人生就是一场在悲欢之间来回，是不断失去的过程。

但失去只是人生的常态，而并非人生的意义，人生最大的意义在于，我们该学会如何在失去前好好拥有。

【例2】

大抵是唐懿宗咸通七年（866年），温庭筠从国子助教任上被革职，从此消失在史书记载之中。其实也不必被史册铭记，我想温庭筠走的那天，那些曾唱过他《菩萨蛮》的歌妓们，那些曾被他《花间词》感动过的痴男怨女们，一定会唱着"小山重叠金明灭，鬓云欲度香腮雪……"为他送别。

对于那时的温庭筠来说，功名利禄，身后虚名都已经不重要了。只要提起《菩萨蛮》时，便会记起温庭筠；而记起温庭筠时，内心便升起无尽温柔；那便是他最大的人生意义。

这两个结尾一个来自故事文，一个来自人物稿。例1是以主角"老关"的去世作结尾，从老关的死亡衍生出作者的观点；而例2是以温庭筠的去世做结尾，将温庭筠的人生画上了圆满的句号。我们可以把结尾理解成文章的结局，所以在场景选择上也要带着些许"告别"的意味，这是蒙太奇手法在处理结尾时所需要注意的地方。

其实文章结尾还有一种处理办法，就是以设问的方式来结尾。举一个很简单的例子：

美好的婚姻都是门当户对，与其说是体现在物质上，不如说精神上的门当户对更重要。大家怎么看待"门当户对"这个话题呢？快在评论区一起分享吧。

这种结尾就属于很多写作书提到的设问式结尾，但事实上这样的结尾通常会被读者诟病。我跟很多读者进行过沟通，大家普遍认为这样的结尾与其说是结尾，不如说是引导语。如果直接以此为结尾的话，不仅会破坏文章的整体感，还会拉低文章档次，得不偿失。

给新人的写作礼包：观点热点文的常见行文思路

熟悉我的学员都知道，我从来都不赞成写文章用所谓的模板和套路，因为文无定法，所以我们根本不可能给出一个"不变"的套路，去应对"万变"的文章。但对于新手作者而言，因为确实在写文方面存在着各种各样的问题，如果能为他们提供一些半模板化的现成思路，那么在最开始写文章的时候，新手作者也不至于举步维艰。

但在提供半模板化的行文思路之前，我需要提醒各位新手作者的是，接下来所提供的只不过是一些思路而已，并不是"金标准"，更不是写文章的最优解。这些思路只不过是抛砖引玉的砖，每一个新手作者都要在下述思路的基础上写出属于自己的文章，走出自己的一条写作路。那么，现在我就来给大家介绍一些半模板化的常见行文思路。

因为我曾是今日头条情感领域的签约作者，对于泛情感领域的文章有一些心得，而对于其余领域的文章不敢做过多解读，生怕误人子弟，所以本章节的常见行文思路主要还是围绕泛情感类领域来说。

首先，我们来说说泛情感类领域的文章都有哪些类型？泛情感领域类文章不仅包括狭义上的情感观点和情感热点，还包括情感美文、心理解读、情感故事、经典人物、书评影评等等。而在这么多的分类中，对于新手作者而言写作门槛最低的，应该就是观点热点文。

观点热点文可以分为两类：一类是偏向个人成长的生活美学类观点文；另一类则是针对即时热点的解读类观点文，或者借助热点来表达观点的文章。下面我来分别具体说明。

1. 偏向个人成长的生活美学类观点文

比如《不让别人为难，是成人世界的潜规则》《我不恨你，但也不会原谅你》《你的善良必须带有锋芒》等等都属于这一范畴。这类观点文通常都是直接以观点为标题，同时这类观点文都不具有时效性，并不存在追热点的问题。

一般而言，在写这类观点文的时候，我们的行文思路是这样的：以个人经历入手，拉近和读者的距离，接着引出文章观点；在引出文章观点后，通过第二个故事来开启观点的新角度；紧接着用第三个故事再开一个新角度。总体来说，一篇2000千字左右的观点文，大致由4段构成：第一段开头引入观点，第二段为"故事＋新角度解读"，第三段为"故事＋新角度解读"，最后是结尾点题。

以我写的《不让别人为难，是成人世界的潜规则》为例。文章开头用许久未联系的同学做微商拉人入伙为引子，引出观点——不让别人为难，是成人世界的潜规则。第二段用表弟因为不会拒绝而被领导或者同事各种加活的故事，引出新的角度：不为难别人是本分，不让自己为难是智慧。第三段用经常施舍乞丐，却因为一次没施舍而被乞丐记恨的故事，引出新的角度：你没有能力取悦任何人，也没有必要取悦任何人。最后总结收尾。

2. 针对即时热点的解读类观点文

比如《朱丹和周一围从来不秀恩爱：抱歉，爱情本来就不是一件隆重的事情》《〈都挺好〉收官大结局：大部分不幸福的家庭，都因为"嘴硬"》等等都属于这一范畴。即时热点文对作者的写作能力是有一定要求的，因为热点具有时效性，所以倒逼作者尽快出文。

一般而言，对于即时热点文，我们的行文思路是这样的：以即时热点开头，简要说明热点内容，引出我们的观点；因为这是一篇即时热点文，所以第二段最好继续用热点的内容来佐证观点；第三段用新事例来拔高我们的观点立意，或者是丰富观点内容；第四段回归热点本身，对观点进行最后的阐述，向着真善美的方向去温暖叙述。

以我写的《〈都挺好〉收官大结局：大部分不幸福的家庭，都因为"嘴硬"》为例。这篇文章写在热播电视剧《都挺好》的收官之际，关于这部电视剧的大结局是当时的微博热搜，由于结局温暖，所以让很多观众都深陷剧情中难以自拔，而这篇文就是在这样的背景下写出来的。

我在文章开头直接介绍《都挺好》大结局这一热点，并阐明为什么大结局能吸引众多观众，从而引出我想要阐述的观点——大部分不幸福的家庭，都因为"嘴硬"。第二段的内容仍然是在讲《都挺好》本身剧情，却丰富了观点本身——父母子女之间的关系很奇怪：我们在等父母道歉，父母在等我们报恩。第三段开始引入新的事例，用以证明：即便是再亲密的人，如果不说出来的话，我们也很难取得彼此谅解。最后结尾回归到热点本身，并针对自己提出的观点给一个温暖的回答：都说时间会摆平所有的恨，但我更希望你的爱，可以留在有生之年。

观点热点文作为门槛最低的文章，很适合新手作者用来练手，同时观点热点文很考验作者的写作逻辑，所以如果新手作者能将观点热点文写得出彩的话，对于泛情感领域类的其他文章也大有裨益。

写作变现篇

▶▶▶ 第七章 ◀◀◀

变现思维：写作目的不只是歌颂情怀，你还能以此谋生

✒ 从传统纸媒到新媒体写作，你必须了解的写作差异度

在十几年前，写作市场主要还是纸媒投稿的天下，那时候由于杂志的发行量很大，所以杂志投稿的稿费也很高，很多人光靠每个月在杂志上投几篇稿就可以抵普通人一个月的工资。

但随着近几年互联网的发展，大量的新媒体平台涌入写作市场，随着阅读电子化，传统纸媒不断没落，新媒体写作开始占据主流，而新媒体文章投稿稿费却高低不等。

传媒纸媒的没落和自媒体的兴起，这是不可逆的时代趋势，但近些年越来越多的传统纸媒也开始涉猎新媒体，如《意林》《青年文摘》《知音》《读者》等国民杂志都有自己的公众号，而且这些国民杂志的自媒体矩阵的投稿稿费仍然保持着业内翘楚的位置，比如《知音》旗下的公众号《知音真实故事》，一篇稿子的

稿费在 1000~5000 元不等。这也就是为什么在传统纸媒不断没落的当下，我还要专门用一章的篇幅来给大家讲解传统纸媒和新媒体的写作差异度的原因。

除此以外，比稿费更重要的是，传统纸媒比新媒体更容易获得文化界主流的认可，如果能熟悉传统纸媒的写作方式，并能不断在这些国民杂志上稿的话，所获得的主流认可度也比新媒体写作所带来的更多。那么，下面我来详细讲讲传统纸媒和新媒体的写作差异度。

1. 传统纸媒的写作形式保守，新媒体的写作形式灵活多变

新手作者一般还没有实力向纸媒投稿，但如果有向纸媒投稿的想法的话，一定要注意在写作过程中严格按照正式的写作要求去创作。形式上也要严格按照首行缩进两个字符，行间距也要相应调整得当，在分段上不要一两句话就分成一段，而要按照错落有致的要求，避免一段字数过于短、一段字数过于长等情况发生。

而新媒体写作则自由很多，大家可以留心看看一些自己经常关注的公众号排版，就会发现大部分公众号的排版并没有按照严格的写作要求去做，没有首行缩进，每个段落的字数大部分都在100~200 字之间，段落与段落之间也有明显的分隔。

新手作者一开始尝试写作的时候，可以先从投稿变现开始，但是到了后期就一定要尝试运营自己的账号，比如公众号、今日头条号、百家号等等。在运营自己账号的时候，一定要记住，特别是追热点这样的快餐文章一定要注意一个排版要求——段落一定要短。

2. 传统纸媒的写作用语严谨得体，新媒体的写作用语更倾向于网络化和随意性

大家来看下面两个例子。

【例1】

爱情其实还有第二种，也是极少数的情况：爱情让人变回自己。遇见你之前，我是南极亘古不化的冰雪；遇到你以后，我仍是那冰山那苍雪，只是那冰雪上多了你深深浅浅的足迹。你踏雪而来，我分明还未春暖花开，不知为何心里却始终暖意盎然。

【例2】

从日常相处中可以判断出，此刻现任和你之间的恋爱，他有没有认真，或者说他有没有像先前一段感情一样，付出同等的精力；从处理情侣矛盾时的态度和做法可以判断出，现任在遇到问题时够不够成熟，以后你们遇到矛盾时，能不能得到妥善地解决。

同样是描写爱情的片段，例 1 是发表在纸媒上的文章，而例 2 则是发表在公众号上的文章。很显然，我们可以看到例子一中的遣词造句更为讲究，读起来朗朗上口，句子对仗工整，给人很好的阅读体验；而例子二的遣词造句则显得有些随意，更偏向于快餐阅读，给人舒畅淋漓的感觉。

其实，新手作者在刚开始尝试写作的时候，通常都会怀着写高中 800 字作文的心态去写，这时候的新手作者就像是一块璞玉，如果上来就朝着纸媒投稿的目标努力的话，反而更容易上手，因为新手作者还没有开始"放肆"。

但如果已经在自媒体写作上有了一定的实力，再想要朝着纸媒投稿方向努力的话，就会出现"水土不服"的情况。我曾跟某国民杂志的编辑有过几面之缘，当时聊到纸媒投稿的时候，编辑这样评价收到的大部分稿子："就像是在聊天，一点都没有书面语的感觉。"

这句话其实道破了纸媒和自媒体文章的区别，前者偏向于书面语，而后者则是更希望带动读者情绪的快餐文章，不必拘泥于那么多的形式和遣词造句，只需要给人以畅快淋漓的慰藉感。

当然，从纸媒写作转向自媒体写作也是一道难关，因为不少曾专心于纸媒投稿的作者都有"慢条斯理"的毛病，宁可多花些篇幅也要把事情的前因后果说清楚，宁愿多写点内容也要让故事显得更加丰满可信，但在唯快不破的自媒体写作市场，篇幅过长反而成了一个缺点。因为读者没有这么多的时间去看一篇长文，这也就是为什么很多公众号要限制字数在 1500~3000 字之间的原因。

我的建议是主攻自媒体写作，因为这是不可逆的主流，等作者真正靠着写作取得一定成绩后，可以回过神来研究纸媒写作。前者是你的生活，后者是你的诗和远方。

写作背后的变现思维，这是你最该了解的写作潜规则

在这个人人都"斜杠"的时代，如果你发现身边有人能靠着写作变现的话，是不是觉得这样的人很酷？相信每一个写作爱好者们的内心深处，也一定有个靠写作变现的梦想。那么提到写作变现的时候，大家的第一反应是什么？当我向学员抛出这个问题的时候，学员们大多数都是以下想法：公众号投稿；自己写爆文。

当我继续追问："针对这些想法，我们具体应该怎么操作呢？"很多学员在面对这一追问时都显得不知所措。还能怎么做？写呗！难道这是一个没话找话的问题吗？当然不是，这一追问是在问大家是否了解写作背后的变现思维，持有不同想法的新手作者分别应该如何操作，才能让自己尽快摆脱新手期，成功让写作变现。其实依靠写作变现的方法有很多种，我在这里只针对主流的公众号投稿和写爆文来为大家解读。

1. 公众号投稿

公众号投稿应该算是当前写作市场的主流变现模式，这也是

大部分写作训练营所培训的内容。但让人奇怪的是，很多新手作者对写作训练营导师产生了依赖，觉得如果没有导师改稿，自己就没办法独立投稿成功；更有新手作者产生了只有通过写作训练营投稿才能成功上稿的错误念头。

我身边有很多独立作者，从来不依靠写作训练营，而是自己写作投稿，他们的上稿率一点也不比写作训练营的学员们低。为了更好地完成这本书，我还特意采访了几个独立作者，从他们口中听到了公众号投稿背后的写作"潜规则"：新手作者面对公众号投稿肯定很茫然，所以首先我们需要确定的是，自己到底擅长什么方向的文章，以此来确定自己要投什么样的公众号。当前仍然在持续收稿的头部公众号基本上都是以人生哲学、情感热点、教育生活、历史文化、真实故事等文章类型为主。

新手作者千万不要有"只有通过写作训练营才能向公众号投稿"的错误意识，因为头部公众号都有自己的投稿公告，在公告里会写清楚他们需要的内容类型和相关要求，以及投稿方式。在向公众号投稿之前，新手作者要做的是认真研读该公众号投稿公告里作为范文的文章，以及该公众号最新上稿的一些文章，以此来判断该公众号的调性。

举一个简单的例子，如果你想投稿的公众号在公告里提供的范文是一篇情感观点文，同时你发现该公众号最近一个星期上稿的文章也都是情感观点文，那么你的投稿文章当然也必须是情感观点文。

我有不少做公众号编辑的朋友，我曾听他们吐槽过："明明公众号发的文章都是国学类的文章，但有作者却偏偏投稿一篇热点文，隔了 3 天收到退稿邮件，作者还不依不饶地投诉公众号耽误了自己热点文的发布。"所以，给公众号投稿一定要注意把握这一公众号的调性，明白对方需要什么最重要。

2. 自己写爆文

爆文是一门玄学，没有人可以预测自己写的文章能否成为爆文，但写的爆文多了，对于什么样类型的文章出现爆文概率高，我还是有些心得的。我曾写过一篇文，名字叫《成人用品店 24 小时营业中：当直面欲望，我亲眼见证了人性的光与暗》，这篇文章的最终阅读量接近 700 万，也给我带来了 1.5 万多元的广告收益。

一般的自媒体写作平台和公众号是大不相同的，数百万粉丝的公众号即便是发一篇平平无奇的文章也可以阅读量 10 万+，而类似于在今日头条、百家号上出现一篇阅读量 10 万+甚至百万+的文章，靠的绝不是粉丝数量，而是文章的题材和内容本身。

一般的自媒体写作平台的创作内容很自由，其背后的变现思维就是找准题材、斟酌内容。那什么样的题材才算是有爆文潜质的题材呢？通常有以下几种。

（1）热点

追热点是写作者的基本素质，当出现热点事件的时候，新手作者需要做的是以下两件事：第一，迅速写一篇梳理前因后果的文章，不必有太多的真知灼见，但至少要让读者对这一热点的来龙去脉一目了然，并且这篇文章发出的时间必须在热点出现后两小时内；第二，写一篇分析文，分析热点涉及的人和事。

比如电视剧《知否知否应是绿肥红瘦》热播没多久，就曾因为台词中出现不少语法错误而冲上热搜，有位学员迅速写出了一篇盘点这部电视剧中台词错误，并给出正确说法的科普文。这篇文章发到微博上甚至被某大 V 点赞，让这位学员收获了数百个粉丝；紧接着他又紧随其后写了另一篇文章，主要分析剧情人物，同样收获了 10 万＋的阅读量。

（2）能满足读者好奇心理的题材

我有位读者朋友是某个中部城市的殡仪馆入殓师，我曾将从她那里听来的故事做成了一个入殓师系列，几乎每一篇文都是数十万的阅读量。因为入殓师这个特殊职业就满足了大众的好奇心理，是一个寻常人都听过却基本没有接触过的群体，这些特殊群体的故事，也是很容易出现爆文的。

(3) 关注普通人悲欢的题材

还记得医疗纪录片《人间世》吗？因为那句"除了生死，别无大事"，让无数观众在看的过程中泪目，更引发了大众对生死这一终极问题的重新思考。《人间世》就是一个关注普通人悲欢的典型题材，而我们在选材时也可以通过类似《人间世》这样的纪录片、电影、电视剧等来寻找写文的灵感。

在确定好题材后，我们还需要斟酌相关内容。不少作者为了获得高阅读量剑走偏锋，为了激发读者的猎奇心理而写出一些灰色地带的文章，这是绝不可取的。牢牢记住一点：无论我们选择什么题材的文章，都需要回归到正能量这一主基调上面去。因为错误价值取向被封禁的账号不在少数，即便是在今日头条、百家号等平台上发表文章，当阅读量到达一定量（比如5万阅读量）的时候，也会有专人二次审核爆文内容，绝不会出现漏网之鱼。

简单总结来说：公众号投稿最看重调性，范文和近期上稿文章要重点关注；个人媒体平台创作最看重题材和内容，要找准题材、斟酌内容。唯有如此，新手作者才能实现尽快上稿和出爆文的梦想。

主流的变现路径及其基本操盘方法

写作变现几乎是每一个写作者的诉求，这世上最开心的事情莫过于兴趣爱好给了自己安身立命的底气。那么本篇文章，我就结合自己的实战经验来为大家讲解一下，当前主流的变现路径和对应的基本操盘方法。

如果想实现写作变现的话，主要有两条路：公众号投稿；自媒体平台写作。下面我来一一说明。

1. 公众号投稿

如何提高公众号投稿的命中率？这个问题的答案在上一节中已经有了详细说明。公众号投稿最重要的就是研究公众号调性，知己知彼才能百战百胜。

但很多新手作者的困惑在于："我对公众号一无所知，连该向什么样的公众号投稿都不知道。"其实新手作者不知道的是，有一类公众号就是专门总结投稿渠道的公众号，只要关注类似公众号，不仅可以收获海量的投稿信息，而且还能从中了解到一些成功上稿作者的经验，便于避雷。

之前我已经说过，不要盲目迷信写作训练营，不要觉得让所谓的导师帮忙投稿的话，上稿率更高，这是无稽之谈。文章之所以能被录用的原因有且只有一个，那就是你的内容够硬。其实每一个收稿的公众号都会有一篇"投稿须知"，新手作者只需要输入"投稿"二字，就可以触动该公众号的自动回复，上面不仅会提供范文和要求，而且还会给出联系邮箱，甚至有的会直接给出编辑微信。

新手作者在公众号投稿的时候，要注意两点：第一，当你加到编辑微信的时候，不要聊与写作无关的东西，最好的沟通方式就是把你写好的文章发过去，并询问回复周期，然后静静等待即可；第二，成稿后一定要确认内容无误后再发出，不要出现重复发送的情况。试想如果你是编辑，看到一个作者颠三倒四地把一篇文章发过来好几遍，你是什么感觉呢？结果不言而喻，

2．自媒体平台写作

当前的自媒体写作平台主要包括今日头条、百家号、一点号、企鹅号、网易号、搜狐号等等，那么在这之中，广告单价收益最高（1 万阅读量带来的广告收益）的应该是百家号和今日头条。其余的平台基本都有优质作者绿色通道，新手作者可以凭借自己在今日头条做出来的成绩，在其他平台上快速通过原创和加 V，

所以我们来着重讲讲在今日头条上的基本操作。

因为我曾是今日头条情感领域官方训练营的分享嘉宾和导师，也曾是情感领域的签约作者，所以我对今日头条有一定的了解。自从 2020 年今日头条取消了青云计划之后，我们可以看到今日头条转向精品化的方向，也就是说头条官方越来越期待有更多专业度高、稀缺性高的深度内容创作者进驻今日头条，而那些靠着水文赚流量费的作者则逐渐失去推荐，甚至被取消原创和加 V 功能。

今日头条是自媒体写作市场大趋势的一个缩影，未来写作市场也会出现"大洗牌"的情况，优者上、劣者下。所以如果想要在自媒体写作平台长期发展的话，一定要认真对待自己写的每一篇文章，即便是一开始没办法写出深度好文，但至少不要把文章写成家长里短的口水文。

今日头条其实对新手作者很有利，每个新手作者都需要把握好官方的免费训练营（每个作者只有一次参加机会），跟着官方的步调走，定期完成相应的作业，这样很容易就能通过原创和加 V 了。如果错过了参加官方训练营机会的话，新手作者可以按照以下方式从 0 开始运营自己的今日头条账号。

首先，至少保证 3 天发一篇文章，每天坚持发一条"微头条"。刚开始新手账号都没有粉丝，所以但凡更新文章的下方出现了读者留言，就一定要记得回复；在自己每发完一篇文章后，都要记得自己转发和评论。以上看似有点傻的举动，其实都在无形中增加了计算机算法对这篇文章的评估，可以让这篇文章在后期获得更多的推荐。

刚开始新手作者也许并不适应3天发一篇文章这样的强度，那么我们该如何在3天交出一篇还算合格的文章呢？最简单也最容易上手的，莫过于情感观点文，通过热度很高的观点来写出一篇文章。比如《你的善良，必须带有锋芒》这篇文章，可以从一个名人故事或者某一个热点入手，然后引出"善良要有锋芒"这一观点；紧接着第二段写善良不带锋芒的后果，用一个例子加分析的方式展开论述；接着是第三段写善良带有锋芒之后的积极变化，用亲身例子加分析展开论述；最后点题结尾。

新手作者其实不必太在意内容同质化的问题，官方编辑们只会看新手作者是否具备一定的写作实力，而不会在意文章是否出类拔萃。

下面我们再来说说"微头条"怎么写。今日头条的微头条也好，百家号的动态也好，其实都是类似于发微信朋友圈一样，是涨粉的利器。微头条没有素材怎么写？很简单，将你文章中所用的事例说得更具体一点，不仅带动读者讨论，而且还能试水这篇文章是否能引发读者共鸣，便于在真正着手写文章的时候进行调整。

自媒体写作平台就是这样，当你的粉丝越来越多的时候，平台为你提供的功能也就越多，相互促进之下，带来的广告收益才能越来越多。

其实写作变现还有很多途径，比如网络小说、广告软文写作、出版等，但这对新手作者来说都还比较遥远，如果连每天坚持发微头条都做不到的话，网络小说这条路子就不用想了，因为每天更新 6000 字是网络作家们的准入门槛。至于广告软文和出版，都是在作者获得一定成绩并得到认可之后，才会主动找上门的特殊写作变现渠道，强求不来。

罗马不是一天建造完成的，走好眼前的路，即便再远的远方，也终有一天可以到达。

如何形成写作变现的正循环？

我曾在写作课上提过一个问题：如何形成写作变现的正循环？也就是说，我们该如何以最少的时间写出一篇精品文，并且将该精品文的收益最大化？

这是只针对自媒体平台创作者的问题，因为靠投稿写作的写作者基本只有上稿稿费的收入，在公众号主给完上稿稿费后，这篇文章就跟作者本身没有什么关系了。而公众号主呢？不仅可以将该文章发在公众号上，而且可以分发到以公众号为名注册的各平台上去，赚取其他平台的流量费和增加粉丝。对写作者来说，这也是给公众号投稿的弊端。

作者写出一篇自己满意的文章难能可贵，仅仅只是几百块钱就将自己的文章"贱卖"了的话，是非常可惜的。一篇文章的出炉，其背后需要作者花费多大的心血，也只有我们这种一个字一个字写出来的作者才能感同身受。所以对于作者而言，如何将一篇文章的收益最大化，这是一定要思考的问题。

为了避免空谈，我就拿自己的亲身经历来为大家讲解。我是在 2019 年初开始放弃给公众号投稿的，当时刚好也遇到平时主要合作的几个公众号都以各种理由不再收稿了，那种"人为刀俎，我为鱼肉的感觉"让我很不舒服。因为没有任何征兆，只是通知一下就不再收稿，让包括我在内的长期供稿的作者们失去了比较稳定的收入来源。

这个经历也让我明白了一个道理：在公众号投稿层面上，作者永远都是弱势，主动权永远都在公众号手上。那之后，我开始尝试打造自己的自媒体平台，并逐渐形成了自己的变现正循环。

如何快速通过自媒体平台的原创审核和加 V，这个问题我在前面章节已经详细说明，在此不做赘述。本章节主要讲的是我摸索出来的变现正循环体系，便于各位新手作者在写作初期就有意识地建立这样的体系，尽快实现收益最大化。

要想实现变现正循环的前提有两个。第一，定期写文章，至少保证 3 天一篇文章。如何 3 天写出一篇文章的方法，我已经介绍过，相信通过前文的方法，新手作者也能写出比较合格的文章。第二，我们要做到"硬件""软件"两手抓。硬件指的是成熟的自媒体写作平台账号，软件指的是我们的内容。

我们先来说说硬件部分：所谓的成熟自媒体写作平台账号指的是大部分功能都已经解锁了，比如原创、加 V 等，这样的自媒体写作平台账号最好的是今日头条和百家号。其他诸如一点号、企鹅号、趣头条、搜狐号、网易号等在内的其他平台账号，都是认可今日头条和百家号成绩的。换言之，这些平台都是有优质作者原创审核通道的，只需要你将今日头条或者百家号做得好一点，实现了原创和加 V，其他平台也能迅速通过原创和加 V。

而软件部分——内容，指的是什么呢？新手作者都没有足够的安全意识，很多人觉得自己光是应付一个平台就很费力了，怎么可能同时经营这么多平台的账号呢？但如果自己千辛万苦写出来的文章只发在一个平台上的话，很快你就会发现：其他平台上会出现你的内容——你的文章被人剽窃了。

这里涉及一个"同时分发"的问题，你的文章一定要同时分发到所有平台，这是保证你原创权益最好的办法，也是实现你同样内容多次变现的好办法。不过，要提醒新手作者的是，不要用账号关联的方式去自动分发内容，一定要手动分发——自己用复制粘贴的方式将文章一个一个分发到各个平台上去。只有这样，你的内容才能在多个平台上都能得到正常推荐量。

在我教过的那么多学员里，一开始大家都不重视写作正循环这个理念，直到有一个新手学员的文章在多个平台同时出现了爆文现象，虽然一个平台的阅读量最多也只到了 13 万，但五六个平台加起来的总阅读量也到了 60 万左右，单篇文章创造的流量收益在 700 元左右。看到真金白银的广告收益后，其余学员才纷纷行动起来。

但写作正循环还远没有结束，我们还需要申请一个自己的公众号，粉丝多少不要紧，但每次自己更新的文章也要第一时间标记原创发到自己的公众号上面去，这样可以保证我们的文章不会被剽窃到公众号上去。要知道，每个自媒体写作平台的内容都是不互通的，这也就导致平台之间的抄袭现象非常严重，所以无论何时我们都要比抄袭者更快一步，把自己的内容分发到所有的平台上去，这样既让我们获得广告收益，而且可以捍卫原创。

　　当这样的正循环体系真正建立起来的时候，你会发现自己就像是买了对冲基金一样，实现了"东边不亮西边亮"的效果，各个平台时不时地都会给你惊喜。当你发现一篇文章在今日头条上没什么阅读量，可是在百家号上却阅读量惊人，每天就像是开奖一样的你，一定会产生无穷的动力坚持写下去。

　　而随着你在各个平台的粉丝量和阅读量都直线上升的时候，你会获得官方的认可，一些只有优质作者才能享有的流量扶持甚至签约也会主动找上你，这些特殊福利又会推动你向着下一个辉煌继续前进。

　　当你站在高处的时候，你会发现能看到你的人会越来越多。也许在不久的将来，会有私信出现在你的后台里："作者大大好，我是××出版社的编辑，看到您的文章非常喜欢，您有没有兴趣一起合作出版呢？"

至此，你完成了写作正循环的最后一步，你过往发表的文章被出版社看中，形成合集出版，你再一次以相同内容实现了写作变现。这是我亲身经历的写作故事，相信在不久的将来，也会是你们的故事。

第八章

爆文法则：优质爆文必备的 4 种核心元素

✎ 好的文章必须具备写作输出力

我曾经有一段时间专门给学员改稿，在改稿过程中就发现，不少学员的文章乍看上去没有任何问题，甚至连改稿都无从下手。但当我认真开始读文章时，就会发现文章虽然到处都挑不出毛病，但怎么读都觉得不对劲，让人没有想要继续读下去的兴趣。

这样的文章如果是新手作者写出来的话，那么勉强算是合格，但如果有了一定基础的作者写出来的文章还是这样的话，那就真的应该好好反省一下了。为了让大家更好地了解，我来举个例子，大家可以看看这个片段：

你永远也叫不起一个装睡的人，也永远感动不了一个不爱你的人。无论你多卑微、多真情，只要我想，都可以把你批得体无完肤。所以不要试图用退让，或者用身体来挽回一段感情，当一段感情需要用节节败退来挽回的话，那么距离灭亡的时候也不远了。

这个片段乍看上去是没有任何问题的，但仔细想想，这一片段除了开头第一句"你永远也叫不起一个装睡的人，也永远感动不了一个不爱你的人"之外，后面的句子其实都是口水文，而唯一还算亮点的第一句话也是被用烂了的网络金句，所以这一段落对读者本身来说，毫无分量，也没有任何收获实感。

我通常都会将类似片段称之为无效段落，很多新手作者的文章之所以没能引起读者共鸣，就是因为无效段落太多，没有爆发出编辑和读者所期待的写作输出力。好的文章一定是具备写作输出力的，而写作输出力在文章中的具体表现如下。

1. 画面感

什么样的文章才算是有画面感呢？我们来看两组例子。

【例1】

印象里最深刻的，是一位鳏居老人，他的老伴儿早在年轻时候就离世了，从部队复员以后，老人一个人独自拉扯着儿子长大，从一个五大三粗的汉子渐渐变成了连针线活都能揽饬的全能爸爸。

当他被人发现时，这位穿着洗得泛白的中山装的老人，就这么安静地躺在住宅楼前的空地上，他避开了楼下停靠的所有私家车，选了一块空地一跃而下。等我们到达现场的时候，老人的鲜血也已经干涸了。

这位倔强的老人一定在生前认真地打量过自己，他梳着从前流行的西装头，身上佩戴着年轻时获得的奖章，手里紧紧攥着一封遗书，悄无声息地离开了。

警察到达现场后查看了遗书，还去了老人生前居住的房子。从整洁程度来看，老人数十年如一日保持着部队的习惯，甚至在他选择自杀前，还认认真真将家里打扫了一遍。

【例2】

老人鳏居多年，一个人将孩子抚养长大，他的尸体被发现的时候，还穿着破旧却干净的衣服，早已干涸的鲜血在告诉所有人他的逝去。警察去了他生前居住的房子，发现里面甚至被精心打扫过，一切物件都摆放得整整齐齐，这位老人到了生命的最后，仍然在捍卫着自己要强的性格。

我们可以看到例1和例2的内容差不多，基本的要素信息也一致：一个要强的老人自杀了。但例1不仅仅字数上占优势，而且提供了大量的细节描写，洗到泛白的中山装、从前流行的西装头、年轻时获得的奖章等等，这些细节描写让每一个读者仿佛面对面见到了这个老人一样，在扼腕叹息之际，也被故事深深吸引。

新手作者想要让自己的文章也充满画面感的话，一定要注意细节描写，尤其是在场景描写和人物描写的过程中把控细节。多一些动态化的表达，少一些统括的说法。举一个最简单的例子，当描写安静时，不要直接告诉读者"房间里静得出奇"，而可以换成动态化的表达——"房间里特别安静，仿佛一根针掉下来都能听到"，这种最简单的以动写静的细节描写，反而更能凸显安静。

2.权威感

权威指的是官方数据、名人名言等。我们来看下面这个例子。

百度贴吧里有一个特殊的地方叫"恐艾吧"，"艾"就是那些身患艾滋病的病人。2020 年 4 月 19 日，恐艾吧的关注人数为 12 万，发帖量达到了 1533 万。而在 2019 年 1 月 14 日，我曾经写过一篇关于淘宝 HIV 试纸下买家评论的文章，当时记录的恐艾吧关注人数为 9.3 万，累计发帖量为 1276 万。相隔一年零三个月，关注数增长了 2.7 万，发帖量增长了 257 万，如果平均到每日的话，每天发帖量达到了 5648 次，这是个相当恐怖的数字。

这一段落中有大量的数据，所表达的内容只有一个：恐艾群体人数很多。但如果直接将该内容表达出来的话，读者是没办法真切感受到恐艾群体到底有多少的。这就可以利用权威数据的力量，通过增加权威性的方式让你的文章更具有说服力。所以新手作者在写作时一定要注意提前准备，多花点时间去搜集你写文章时所需要的素材和数据，这远比用空口白牙表达你的观点更有效。

3. 文章具有一定的书面语化

这里说的书面语化和纸媒投稿的书面语是不一样的，这里所说的书面语化指的是我们的文章不要过于口语化。我们来看下面两个例子。

【例1】

我从没见过这么让人无语的人，什么都不会，还总是在旁边笑别人垃圾。

【例2】

毫无疑问他是个巨婴，明明自己一事无成，还喜欢在旁边指点江山，评论他人是非。

例 1 就是典型的口语表述，而例 2 虽然表达的意思和例子一样，但很显然例 2 读起来更让人舒服。永远记住一点：无论多随意的文章，但凡是写出来的，那就一定要记得与日常口语有所区别。口语化的文章只能被算作是流水账，根本谈不上有什么输出力。

🖋 爆款文章所必备的共情力

经常会听到共情这两个字,那到底什么才叫共情? 对一篇文章而言,所谓的共情,指的是两方面: 写作者本身的共情和预判读者的共情。

1. 写作者本身的共情

作者在写文章的时候要有共情,作者的共情在于写出来的文章一定要在读者的可接受范围之内,同时写出来的文章一定是要能说服自己的文章,毕竟如果连作者都不相信自己观点的话,这样的文章又谈何去说服读者呢? 所以在考虑到作者的共情力时,我们需要把握两件事: 旁观者角度;自我反驳。

什么是旁观者角度? 这是说我们在写作过程中,尤其是需要追热点的时候,一定要坚持旁观者角度写作。因为在热点事件的最终结果还没有出现之前,我们不要选边站队,可以用旁观者的角度来分析整个事件。旁观者角度毫无疑问也是写作的最佳角度,毕竟每一个读者都是旁观者的角度。

在写故事类文章的时候,旁观者角度同样适用。作者本身有着主观性，因为作者其实是一篇故事的造物主，有着自由处理每一个故事人物的权力，但如果想要写出一篇好的故事，我们同样需要坚持旁观者角度的写作方式。

举一个最简单的例子。我想要塑造男主角是个好人，我不能简单直白地告诉每一个读者"男主角是好人"，作为作者的我只能通过一系列的描写和叙述来告诉读者"男主角是好人"。这样的叙述包括男主角乐于助人、乐善好施、为兄弟两肋插刀等等。这就是故事文中的旁观者角度叙述，所有的答案都让读者自己去找，作者的职责就是把谜面说出来，启发读者去自己寻找谜底。

说完了旁观者角度，我们再来说说"自我反驳"。自我反驳是观点文中最常见也是最有效的一个自我纠正办法，便于每一个新手作者在思考大纲以及成文后的查漏补缺，是进一步确认文章是否有逻辑漏洞的最好办法。

为了方便新手作者学习，我来举一个实战例子。曾有学员写过标题为《顺眼，是两个人相处最好的状态》的一篇文章，这是一篇典型的观点文。学员是这样来论述这篇文章的：

主题：顺眼，是两个人相处最好的状态

分论点一：看得顺眼很难得。

分论点二：顺眼，意味着两个人三观一致。

结尾升华。

当我看到这篇文章的时候，我反问了学员几个问题：顺眼到底是什么概念？是不反感，还是很喜欢？看着顺眼真的很难做到吗？日常生活中绝大多数人都让你不顺眼吗？顺眼能否进行更深层次的演绎呢？

在我的连番追问之下，学员立刻反应过来，自己写的这篇观点文其实在逻辑上是经不起推敲的，于是他开始进行修改，并通过自我反驳的方式不断优化文章内容和写作逻辑，最终写成了一篇阅读量 5 万多的热文，而他最后的文章结构是这样的：

主题：顺眼，是两个人相处最好的状态

第一，先给"顺眼"下定义，顺眼指的是合得来，不光是长相上不反感，还包括相处起来不尴尬。

第二，引出第一个分论点——相同的三观才能让人久处不厌。

第三，引出第二个分论点——长久的顺眼，一定是有人在默默改变。

第四，引出第三个分论点——顺心比顺眼更重要，彼此相互体谅，相互扶持，才能建立牢固的感情基础。

第五，升华主题。

2. 预判读者的共情

读者之所以会出现共情，是因为文章中的某一段话触动了读者的内心，让读者感同身受或者有了同仇敌忾的感觉。

我曾在刷抖音的时候看到过一则新闻："长春 12 岁男孩独自进派出所为亡父销户：备好证明去孤儿院。"这则新闻让无数人为之落泪，所有人都为命运的不公而愤慨，也为男孩的懂事和坚强而感动，这就是共情的力量。

所以作者在写文章的时候，一定要懂得预判读者的共情，有些话之所以成为金句，是因为它会在无意间击中读者内心最柔软的地方，新手作者在日常中要主动积累，别等书到用时方恨少。

共情是一种瞬间的感觉，所以学会那些经典的表述特别重要，在这里给大家举几个例子。

①当我们谈死亡的时候，可以用那段非常经典台词：

"死亡不是终点，当这世上再也没有人记得你的时候，那才是真正意义上的死亡。"

②当我们谈爱而不得的时候，可以用《月亮与六便士》里的一句话：

"我觉得你很像一个终生跋涉的香客，不停地寻找一座根本不存在的神庙。"

③当我们谈遗憾的时候，我们可以说：

"遗憾存在的最大意义，就是让我们珍惜当下所有。"

忘却那些平铺直叙的表达，对于一些高频出现的主题，作者一定要有意识地建立起金句库，并定时更新相关的高级表达。要知道，往往就是这一两句话，可以瞬间俘获读者的心。

✒ 这是追热点的正确打开方式

很多新手作者都困惑于不知道该怎么追热点，往往当自己回过神时，那些热点都已经凉透了，而自己只能看着别人写的热点文阅读量破 10 万 +、百万 +。作为一个完全没有团队，甚至还有着本职工作、日常时间根本不自由的新手作者，我们到底该怎么追热点呢？

一些写作团队之所以会在热点出来没多久就能发出应景的文章，不是因为他们能掐会算，而是因为他们有着素质过硬的编辑团队，对热点的响应速度很快，即便是一篇 4000 字的文章，也可以通过几个人组稿的方式迅速完成。

而新手作者要想在一两个小时内写出 2000 字的文章基本等于天方夜谭，所以新手作者不要妄想在追热点这方面战胜那些大 V，但这并不代表着我们没办法"虎口夺食"。接下来，我就来教大家在追热点这件事上，作为一个独立的自媒体写作者该怎么为自己争得海量流量。

1. 不要妄图在速度上超越专业团队

大家还记得让微博几乎为之瘫痪的"鹿晗关晓彤恋爱官宣"热点吗？当时，有个学员给我发信息说："老师，我准备写一篇关于关晓彤的文章。"还没等我回信息，学员又发来了一句话："哎呀，已经有人发出来了……"这就是速度，专业团队的速度之快甚至让人有种他们早就知情的错觉。所以独立的个体作者一定要有自知之明，面对一个热点，我们第一反应要去写的文章一定别去写，因为根本来不及写。

2. 掌握快速发现热点的渠道和资源

如何最快速地发现热点？现在的新闻媒体 App 很多，只要上网，我们几乎就能找到任何自己想要知道的东西。更重要的是，现在很多 App 都提供了搜索实时热榜功能，通过实时热榜我们可以知道当前最热门的话题是什么，比如百度的搜索风云榜等等。

但其实对实时热点响应速度最快的，是微博。微博对每一个写作者来说，都是一个必不可少的 App，因为微博上实时热搜的响应速度是最快的。每一个突然出现的热搜词条很有可能会在一天后成为全民热议的焦点话题。所以，如果你想写文章的话，一定要养成没事刷刷微博的习惯，在发现有可写的热点后，先预判一下该热点是否会成为全民关注的热点。如果不会，那么你可以慢条斯理地花一天时间去写一篇相关文章；如果会的话，那么你需要换一种思路来追热点了。

3. 把握全民热点的正确打开方式

全民热点毫无疑问会成为万众瞩目的焦点，如果你的文章刚好在这时候被计算机算法推荐的话，那么这篇文章就会乘上风口，阅读量达到你无法想象的程度。所以，当你发现了一个全民热点时，第一时间不是写文章，而是写微头条。用一段话简单讲一讲这一热点的来龙去脉，跟随着全民吃瓜的热潮一起，让你的微头条阅读量冲上去，从而实现涨粉的目的。

接下来的你不是放弃写该热点相关的文章，而是观察与思考。你需要观察的是，针对该全民热点已经出现的爆款文都写的是什么内容，还有没有什么值得深挖的点，如果有的话，你需要做好标记；而你需要思考的是，针对这一热点，除了已经被人写过的角度，有没有其他一般人没想到，但是读者很感兴趣的内容可以去写，如果有的话，那就要尽快开始着手写。

一般而言，一个全民热点最多只会占据热榜两天时间，所以关于该热点新颖角度文章的黄金发文时间是在当天之内，因为这时候还有大量的"吃瓜群众"在关注着该热点。能在同质化严重的热点文章中推出一篇让人眼前一亮的文章，这就是你蹭热点的正确打开方式。

还记得电视剧《长安十二时辰》热播的时候，大部分作者都将目光聚焦在易烊千玺所饰演的李必身上，因为这一角色原型在历史上是个风华绝代的人物，再加上由流量偶像出演，所以一时之间很多作者都执着于写李必。无论是多好的内容，但凡写的人多了，那么竞争就激烈了，看得人自然也就少了。

当时我选择写了另一个人物——何监。何监的原型是历史上大名鼎鼎的贺知章，作为浙江省有据可查的第一位状元郎，贺知章的故事可不只是那句"儿童相见不相识，笑问客从何处来"。在所有人都执着于写李必的时候，我开始寻找贺知章的相关资料，并写出了那篇《贺知章：就这么糊涂醉了一辈子，然后一不小心活过了整个盛唐》。那篇文章在今日头条上的阅读量是 33 万，还为我吸粉 600 多人。

4. 追热点的隐藏高级操作：提前写

上述所讲的只是追热点的方式，其实追热点还有一个更高级的打开方式——提前写。很多新手作者没有提前写的意识，其实很多热点是可以提前知晓的，一些有经验的作者通常都是写好文章等待相关热点的出现。这不是无稽之谈，而是完全具有可操作性的。

　　新手作者要有翻日历的好习惯，我有个码字的同好就深谙此道。他会在每个特殊日子出现之前就提前准备好了文章，这也让他成为在某些热点上可以跟专业编辑团队拼一下出稿速度的个人作者。

　　具体的操作办法是这样的。比如 12 月 1 日是艾滋病宣传日，朋友早在 11 月末的时候就已经写好了一篇关于与艾滋病相关的文章；比如在 24 节气中某一节气到来的那一天，朋友都会准时发布一篇与该节气相关的文章。就是通过这样提前准备的方式，让朋友收获了几次百万级的爆文。

　　写爆文是一种"玄学"，但追热点却有方法可寻。面对热点别茫然，与其千军万马过独木桥，不如找一条"林间小道"走出新天地。

✎ 读者参与度，决定了你的文章能否成为爆文

我曾听过这样一句话："一篇真正成功的文章绝不是作者的独角戏，而是能让所有读者参与其中。"一篇文章对于读者来说通常都是一个全新的世界，如果读者能够被这篇文章所表达的内容和逻辑所征服，或者读者愿意相信这篇文章所构建出来的世界是真实存在的，那么即便是没有任何的诱导和拉票，读者也会自发评论，甚至自行对这篇文章进行转发和推荐。

所以，如何提高读者的文章参与感，这是每一个作者都必须考虑的问题。而当我们能够成功调动读者的兴趣和热情，让他们参与到这篇文章中来的话，那么这篇文章必然会是一篇爆文。

那么，怎样才能提高读者的参与度呢？教给大家一个非常简单，但也是我亲测有效的办法——让文章的世界与现实世界连结起来。

曾几何时，我在写文章的时候，会刻意避开具体的人名和地名。因为在我看来文章本身是为了表达意见和建议的，没有必要与现实世界相关联。但是很快我就发现，这样的观点是错误的，因为越是能够将文章的虚拟世界与现实世界连结起来的内容，越

能够赢得读者的共鸣。

在刚开始准备开写作培训班的时候，很多人都劝我要给自己包装一个非常厉害的过往，但是我思来想去还是选择用最真实的一面面对大家。所以在最开始的免费公开课里，我认真地向所有人盘点了我的码字历史。我真诚地告诉所有人："我并不是一个写作天赋很高的人。之所以能够取得一些小成绩，都是靠着自己一步一个脚印走出来的。从最开始的写了几十万字却没有实现一次写作变现，到后面千字 10 元的小说，再到后面一篇稿费 5 元、一篇稿费 100 元，就这么一个字一个字坚持下去，才有了如今的梁知夏君。"

事实上，这个写作公开课并没有让我掉粉，恰恰相反，很多人都说从我的身上能看到希望，更有人因为我的这番自白，而相信自己也可以靠着努力走到成功的彼岸。这就是感同身受的力量。所以我们在写作的过程中也一定要考虑读者的情绪，读者看了文章之后之所以会有感触，就是因为他相信了文章内容。

其实有一个现象不知道大家有没有关注过，那就是很多作者在写文章的时候，尤其是在写情感文的时候，都喜欢用"我有个朋友"作为故事开头。但这种"无中生友"的表述方式已经让越来越多的人开始反感。无论这样的事例是否真实存在，当读者看到这样的表述后，第一反应都是骗人的。而当我们将这个朋友名字具象化后，我们就会发现，刚刚那个根本没办法接受的事例，似乎变得不那么反感了。

在之前的章节里我提到学员的时候，都用的是"有个学员"，这是为了保护学员的隐私，但是我们文章中所举的例子最好还是要将人物本身具象化。为了让大家更直观地感受到区别，我们来看看下面这两个例子。

【例1】

我有个朋友就是这样一个典型的恋爱脑。自从恋爱之后朋友就再也不参加朋友聚会了，每天和男朋友宅在一起，仿佛这个世界只剩下了他们两个人。但一旦分手后，她就会变成一个话痨，找每一个人哭诉自己，但朋友不知道的是，在她恋爱的那段时间里，我们已经找到了新的朋友。

【例2】

我的朋友赵娜就是这样一个典型的恋爱脑。自从恋爱之后，赵娜就再也不参加朋友聚会了，每天就围着自己的男朋友转，仿佛这个世界就只剩下了他们两个人。但赵娜的爱情来得快去得也快，一旦分手她就会变成一个整天哭啼啼，亟待倾诉的可怜虫，我们几乎每一个人都被她骚扰过。但赵娜不知道的是，在她恋爱的那段时间里，我们已经认识了新的朋友。

　　大家有没有发现，当把这个朋友的名字具象化成"赵娜"的时候，文章读起来也变得顺口许多。仅仅只是将人名具象化这样一个小细节，你会发现文章的整体感受都大不一样。哪怕是将"我有一个朋友"改成"我有一个读者朋友"，感觉也是不一样的，因为读者这两个字就赋予了这个人物更为精确的定位，在后续的事例表达中也会显得更加自然。

　　除此以外，在写作实操过程中我还发现了一个现象：当我们将文中出现的地名对应到现实生活中来的时候，反而会让文章获得意想不到的阅读量。

　　我之前写一篇文章的时候，无意中提到了山西五台山。而在那篇文章的评论区下有很多读者都在问我：

　　"我今天刚去过五台山，你还在五台山吗？"
　　"我也在五台山，我们可以偶遇吗？"
　　……

　　这就是将地名具象化后，给读者带来的亲切感。当我们将文章当中的地名与真实地名相对应起来的时候，对于一个读者来说，如果他的故乡也刚好是文中所提到的这个地名，他会有一种惊喜感，同时他还会开始下意识地相信文中所描述的内容真的在他的故乡发生过。而就是这样的一个意识，会让他在不知不觉间想要去评论这篇文章。

这是一个让我屡试不爽的写作小窍门，但这个小窍门在操作上还有一点需要注意：当我们要提到像北上广深这样所有人都能耳熟能详的地名时，最好的办法是将它们具象化到某一个区域。比如我提到上海的时候，可以具象到上海静安区；我提到北京的时候，可以具象到北京海淀区……因为这些城市都太有名了，如果我们就简简单单地说北京、上海的话，那和不说是没有什么区别的。

但如果当我提到不那么有名的城市时，比如山东滨州、山西吕梁、云南个旧等等，这反而会让大家在不知不觉间产生一种想要去相信的潜意识，你的文章也会因此变得更有说服力。

▶▶▶ 第九章 ◀◀◀

IP 意识：你远比自己想象中的更强大

✍ 鲜明的写作风格，让你先声夺人

熟悉我的读者朋友都知道，我虽然曾是今日头条情感领域的签约作者，出版的第一本书也是情感类合集。但我不只写情感类文章，历史文化类的唐宋诗人系列也为我吸引了大量的粉丝，这一系列不只让我获得了今日头条青云计划的青睐，还让我收获了新的出版合同。

"文章有辨识度""个人风格很明显"……我想，这些来自读者们的评价应该也说明了我能跟今日头条签约、被出版社屡次青睐的原因。因为同质化现象日趋严重的当下，能够写出极具个人风格的文章就已经胜过 90% 的写作者了。

在写作培训的过程中，我见过很多让人扼腕叹息的例子，不少明明很有天赋的作者因为迟迟没有找到自己的写作风格，盲目地一味逐利，只写那些容易获得青云计划的文章，只写那些博人眼球能获得阅读收益的文章，最终因为后继乏力，而陷入越写越

茫然的窘境。

刚刚过去的 2020 年对于写作者来说也很特殊，几乎所有的平台都开始收紧写作门槛，最典型的例子莫过于今日头条取消了青云计划的现金奖励，一时之间无数号称能总结出"青云万能模板"的写作班纷纷破产，大量靠着青云计划奖金来维持写作热情的作者们纷纷退出，颇有些"万物凋零"的悲凉。

潮水退了才知道谁在裸泳。等大家从一地狼藉里回过神来的时候，就会发现：无论写作市场如何变化，笑到最后的始终是那些极具写作辨识度，有着鲜明写作风格的作者们。

那么作为新手作者，我们到底应该怎样才能让自己成为一个拥有鲜明写作辨识度的作者呢？在这里，我根据自己的亲身经验给大家提供一份长期写作养成计划。

1. 给自己留足"写作迷惘期"

写作迷惘期指的是新手作者在开始写作前，不知道自己该写什么、能写什么、会写什么，出现这一阶段绝不是一些人说的"没有写作天赋"，因为这是每一个写作者都必须经历的过程，等度过了这样的阶段才算是正式踏上写作这条路。

需要着重强调的是，新手作者一定要给自己留足"写作迷惘期"。就像是走到一个新的人生路口，别急着大跨步前进，先停下来四处看看。等自己想明白了该往哪里走，再毫不犹豫地大踏步前进。

我遇到过一个学员，在开始接受系统培训之前已经有一年的写作经历，他的文友们至少都已经靠着写文投稿多多少少赚了一些稿费，但是他整整一年都没有开张，不仅把自己累得筋疲力尽，而且对写作这条路产生了怀疑。当我问他擅长写什么类型的文章时，他说除了科普类的文章都行；可当我问他写得最好的文章类型是哪种的时候，他犹豫半天说了一句："都没投稿成功过。"

一年的写作时间，这个学员陷在不断尝试、不断失败、不断放弃的怪圈里疲于奔命，而我给他的意见就是：给自己设一个写作迷惘期，一个月不行就两个月，两个月不行就三个月，先不考虑写作回报，只思考两个问题——我喜欢写什么？我会写什么？

写作就像是一个人的清修，又像是在漫长暗夜里孤独前行，没有足够的热爱和动力是不行的，所以得想清楚再开始。而这就是我们需要"写作迷惘期"的原因。

2. 修炼自己的"降龙十八掌"

度过了"写作迷惘期"，我们就需要进入下一个阶段——修炼自己的"降龙十八掌"。

我想几乎所有人都听过或者看过金庸先生的《天龙八部》，里面有两个角色家喻户晓——南慕容、北乔峰。号称"以彼之道还施彼身"的姑苏慕容复几乎通晓天下武学，但却被只会降龙十八掌的乔峰击败，归根结底是因为乔峰把降龙十八掌练到了极致，而慕容复却因为"贪多嚼不烂"而没办法成为绝顶高手。

因此，我们在写作方面也一定要练就自己的"降龙十八掌"，至少要有一个类型的文章写得得心应手，不要过早担心风格单一、写作固化的问题，因为新手作者根本没精力在不同的风格之间切换。将一个风格写到极致，我们也就能打造出自己的写作风格了。

3. 要有"不破不立"的写作勇气

写作不仅要耐得住寂寞，更重要的是要有足够的勇气。这里所说的勇气，不仅是在稳定一个写作方向后，再尝试多元化写作发展；更说的是，当我们发现自己并不适合或者不再适合当前的写作方向后，能有不破不立、迷途知返的勇气。

经济学上有一个概念——沉没成本，指的是那些已经付出且不可回收的成本。因为给今日头条官方训练营做过分享嘉宾的缘故，我认识了很多有志于在今日头条码字赚钱的作者们，他们花钱去报了大量的写作班，学习所谓的"青云计划万能模板"，有人确实因此尝到了一些甜头，但绝大多数人都沦为了写作班的"韭菜"。

当我提醒他们这样的写作模板不仅不可能拿到青云计划，而且阅读量也上不去的时候，他们都会很沮丧地告诉我："我花了钱，学了这么久，怎么能毫无收获就从头再来呢？"就是在这样的坚持下，这部分作者一直沉沦到了今日头条青云计划被彻底取消，但在此期间消磨掉的精力和时间已经难以估量了。

所以，新手作者发现自己选择的写作方向越走越艰难，写出来的文章阅读量越来越低，那么一定要迷途知返，只有在正确的道路上坚持下去，你才能走向胜利的终点。

在迷惘中选择适合自己的写作路，坚持打磨自己擅长的写作方向，形成自己独特的写作风格，在发现走不下去的时候迷途知返。能做到这几点，我想新手作者一定可以快速找到属于自己的写作之路。

✒ 打造属于自己的写作 IP，实现写作的可持续发展

我一直有个观点：投稿是给别人打工，运营自己的账号才是王道。我在 2017~2018 年之间也热衷于投稿，常常因为上稿获得几百元外快而沾沾自喜。那时候的我觉得每个月多赚 1000 多元钱就足够了，再加上我的本职工作收入也可以让自己过得很滋润。

但这样的好日子并没有持续太久，大概是在 2018 年下半年的时候，新媒体市场出现了一次"大洗牌"，很多小型公众号因此夭亡，而跟我长期合作的两个大型公众号也不再收稿，这突然而来的变故让我懵了很久。而也正是这样的契机，让我开始认真思考：是不是该打造自己的账号，去经营个人 IP？

在这样想法的驱动下，我从 2019 年初开始经营今日头条账号，并于当年 6 月成功签约今日头条，这才有了后面很长一段时间的财务自由，不仅收获了大量粉丝，而且迎来了一个又一个出版合同。

两年过去了，那些身边坚持投稿的小伙伴们如今基本不再写稿了，因为市场饱和加上公众号定期转型的缘故，上稿变得越来

越难，而和我一样选择经营自己账号的小伙伴们只要笔耕不辍，都或多或少有着稳定收入。不少人还因为账号质量好而时不时地接广告，不说赚得盆满钵满，但所得到的回报比单纯投稿要高很多。所以我很鼓励新手作者要尽快树立打造个人 IP 的意识，即便是没办法成为像"剽悍一只猫"这样的大 V，至少可以让自己在面对写作市场波动的时候有一定的抵抗力。

那么，我们应该如何打造个人 IP 呢？想要打造一个合格的个人 IP 不仅仅需要在写作上有所取舍，更需要在账号维护上下苦工。为了让大家更好地掌握打造个人 IP 的方法论，我将从写作和运营这两个方面来分别解释。

1. 写作方面

在写作方面，一定要注意取舍。和大家一样，我也是从 0 开始慢慢成长起来的作者，没有那么多遥不可及的头衔，更没有惊才绝艳的写作天赋，时至今天取得的一些小成绩都是靠着自己的坚持和不断试错换来的。最开始我也没有打造个人 IP 的意识，只想着运营各个平台的账号来获取广告收益费，这也就导致我的账号发过各种类型的文章，不少文章都是纯粹为了流量收益写的，这使得我前期的文章质量良莠不齐，虽然获得一时的广告收益，却也因此差点吃了大亏。

我第一次签约今日头条是失败的，编辑反馈我的失败就是因为那几篇流量文，如果不是因为后面写出了一篇让评审的编辑们都信服的文章，我是没办法签约的。

这一惨痛的经历也让我痛定思痛，如果不想赚一波快钱就走，而是想要靠着写作长久挣钱的话，那就一定要注意在写作上有所取舍，在确定好一个写作方向后就坚持走下去，不要轻易更换。

比如你写情感类方向的文章，一定要记住开阔自己的思路，因为泛情感类领域的文章有很多类型。当你发现没有那么多的热点追时，你可以去写生活美学类的文章，比如《精致小情趣，是一个女人最好的状态》；去写情感观点类的文章，比如《我其实很高冷的，只是你不一样》；甚至可以去写那些古今人物的爱情解读文，比如《朱生豪与宋清如：真正的爱情，就是让所有才子佳人，终归柴米夫妻》……这些都属于泛情感类领域的文章。

想要打造自己的个人IP，就意味着我们公开发表的每一篇文章都必须花十二分精力，不要短视于眼前的一些流量收益，而要为了账号长远发展拒绝写一些内容，拒绝发表一些内容。曾有人找我长期合作发软文广告，但吃过亏的我果断选择了拒绝，因为我深知饮鸩止渴的弊端，也希望新手作者可以不再走这条弯路。

简单总结一下，如果我们想要打造自己的个人IP，那么在写作方面我们要：确定发文方向不动摇；开阔发文思路；拒绝水文广告。

2. 账号运营方面

一些平台的官方写作指导课中有这样的观点：为了让读者更好地认识你，新手作者在取账号名的时候，用"昵称＋领域"的形式，比如梁知夏说情感、爱历史的梁知夏、梁知夏聊科技等等。但对于这样的取名方式，我是持反对态度的，因为这样的取名方法弊大于利。

"昵称＋领域"固然能够让读者秒懂你发文的方向，但如果内容不过关的话，对于读者来说，这样的取名方式并没有什么意义。同样在某种程度上讲，这样的取名方式等于断了一个账号想要重新调整发文方向的后路。新手作者搞不清楚自己擅长哪种写作方向的事情很常见，这就会导致一个很搞笑的情况：梁知夏说情感在发历史类的文章，爱历史的梁知夏在发情感文。这样的账号基本就等于慢性自杀了。

因此，我推荐的取名方式有且只有一个，那就是按照你的喜好，避开所有的生僻字、符号和英文字母，取一个寻常人一眼就能认出来，同时又不失风雅的名字。比如我的笔名叫梁知夏君，我所有账号的名字都用的是梁知夏君。

不用担心读者通过名字判断不了你的发文方向，相信我，绝大多数读者根本不在乎自己看的文章是谁写的。只有当文章真正吸引到读者的时候，读者有了兴趣点开你的账号头像去看其他文章的时候，你的名字才会有意义。而那时候，即便你的名字没有任何发文领域的提示，在读者看完你所有的文章后，也能判断出你是一个怎样的作者。

记住一点：账号名称很重要，因为这会成为你未来的个人 IP 名字，同样也是你未来在写作市场最重要的标志。风起于青萍之末，你的未来远比你想象中的更精彩。

如何打造你的私域流量池？

和一般写作训练营的主张不一样的是，我不赞成一直教学员如何投稿，即便是一开始收效甚微，我仍然鼓励学员们要打造自己的账号，给自己打工。

打造个人账号虽然时间周期长，但一旦实现质的突破后，不仅粉丝数量增加，而且会获得流量收益和时不时的广告投放收益。投稿的不确定性因素太多，特别是一些大的公众号，从一开始的报选题和思路，再到修改，最后成稿和再修改，这之中所消耗的大量时间和精力其实并不比自己运营账号少。

更重要的是，文章是否采纳最终仍然取决于公众号，一旦公众号不再收稿或者改变诉求的话，那么之前为了适应公众号所做出的一系列写作习惯的调整都前功尽弃。而且不同的公众号各有各的调性，虽然写作水平确实会在不断改稿的过程中提高，但是适应一个公众号的调性，也是非常痛苦且漫长的过程。因此，从长远来看，经营自己的账号，打造个人 IP 才是良策。

当涉及经营账号的时候，粉丝就变成了至关重要的因素，我们所面对的问题主要有以下几个：

第一，如何快速增加粉丝？

第二，如何增加粉丝黏性？

第三，如何打造自己的私域流量池？

粉丝量是衡量账号发展水平的最重要指标，在这里需要区分的是，公众号和其他自媒体写作平台对粉丝的要求是不一样的。

公众号对于粉丝要求很高，因为粉丝量决定了公众号文章的阅读量，公众号的粉丝也远比其他平台的粉丝黏性更大。而其他诸如今日头条、百家号等自媒体写作平台对于粉丝的要求并不算高，通过计算机算法来推荐的文章阅读量往往都遵循"优胜劣汰"的原则。只要看得人越多，算法就会不断推荐；而看得人少，那么在冷启动过程后就不会再有任何推荐了。

"冷启动"是自媒体写作平台独有的一个推荐环节，将一篇新发出来的文章通过计算机算法推荐给一部分可能对该类型文章感兴趣的读者，如果推荐量和阅读量所形成的打开率到达第二次推荐的门槛后，计算机算法会迅速安排第二轮、第三轮、第四轮推荐……最终阅读量会像是滚雪球一样暴涨，而这一切都跟账号本身有多少粉丝没有太大的关系。

我的今日头条账号 @ 梁知夏君在粉丝数量还不到 1000 的时候，我写出了一篇文章《淘宝 HIV 试纸下的 16 万评论里，我看到了一场关乎生死的"买家秀"》，这篇文章的阅读量最终逼近 70 万，不仅为我涨粉近千，而且获得了今日头条青云计划的奖励，可以说是一篇典型的口碑和阅读量俱佳的文章。

和公众号相比，其他自媒体写作平台的涨粉很简单，只要出现一篇爆文，一次涨粉上千也不是不可能。但同样的，自媒体写作平台的粉丝黏性并不高，很多百万级粉丝的大号发出来的文章可能也只有几百阅读量，这在同样百万级粉丝的公众号上是不可能发生的。

在公众号市场已经进入完全饱和的阶段，我不建议新手作者在没资金没时间的情况下去从 0 开始做公众号，可以尝试打造包括今日头条、百家号等多个平台在内的写作个人账号。根据上面的 3 个问题，我在这里给大家提供一份实操攻略。

1. 如何快速增加粉丝？

写作市场决定了"内容为王"这一属性，所以脱离了内容本身去谈如何涨粉都是"耍流氓"。前面也已经讲过爆文所带来的涨粉很客观，所以各位一定要在日常写作中努力挖掘新素材，在同质化现象如此严重的当下，写出"一股清流"。

除此以外，我们在运营账号的时候要注意持续输出，定期更文，至少要做到 3 天一更新，如果真的出现当天没办法更新文章的情况，也要通过更新动态的方式在读者面前刷存在感，同时也能获得一定的涨粉。涨粉是打造私域流量池的第一步，脱离内容谈涨粉是无稽之谈，脱离涨粉谈私域流量池同样也是痴人说梦。

新手作者刚开始做账号的时候，官方平台是不会给任何优待的，但随着粉丝数量的增加，官方会开通相关的加 V 功能和领域达人称号，比如今日头条的优质情感领域作者、青年作家等，百家号的优质原创作者等等。

一旦账号出现加 V 后，该账号所发出的评论会自动排在评论区的前排，这是很多人都会忽视的一个功能，但同样也是涨粉的利器。

举一个例子：当加 V 作者在一个热度很高的视频或者文章下方评论的话，该评论会优先出现在评论区的前列。也就是说随着该视频或者文章被不断推荐的话，评论区中的评论也会不断随之获得曝光量，这时候一些让人眼前一亮的评论是很容易吸引到其他人的跟帖的，从而获得涨粉的机会。

当然，写评论的时候不要敷衍了事，有很多内心想涨粉的作者在行动上跟不上，在评论区里只发一些表情，或者"有道理""同感""厉害"等简单评论，这样的评论是没办法吸引到粉丝的。只有在认真阅读完内容的基础上，提出自己的见解，或者可以引起他人讨论的评论才是真正合格的评论。

2. 如何增加粉丝黏性？

粉丝黏性是什么概念？也就是你的真爱粉，你发出来的每一个内容，该粉丝都会第一时间阅读、点赞、转发、评论。我们不得不承认的是，绝大多数读者都只是看客，但作为作者，我们可以花一些小心思来给读者朋友们养成习惯，并一步步让他们成为你的真爱粉。

除此以外，新手作者在每一篇文章的最后都可以加上一句引导结尾，根据文章内容的不同，我们可以对引导语稍做修改。

比如针对文章《不让别人为难，是成人世界的潜规则》，我们的引导语可以是这样的：

大家在日常生活中有遇到过不识趣的人吗？这些人可能是逼迫你"拼多多砍一刀"的同事，可能是让你买保险的亲戚，也可能是让你给孩子点赞的同学。遇到这样的人，你们又是怎么处理的呢？快在评论区一起分享吧，我期待你们的声音。

这样的引导语会让本就内心有共鸣的读者们在评论区里讲述自己的故事，评论数越多，这篇文章再次火起来的概率也就越高。除此以外，作者还可以针对一些热门评论进行回复，给一些有困惑的读者粉丝们一些建议和想法，通过这样增加互动的方式，粉丝黏性一定会有所改善。

3. 打造私域流量池

私域流量池就是让那些真爱粉成为你的专属流量池，我们可以着重关注那些几乎自己每篇文章都前来评论的读者群体，以及那些私信来咨询问题和寻求帮助的粉丝群体，这些人就是我们的私域流量池。

作者可以通过私信和互动的方式，将这群真爱粉聚拢在微信群中，定时在群里跟他们沟通，询问他们对什么样的内容感兴趣，对于一些有故事的读者粉丝们，作者甚至可以用采访的方式来让他们说出自己的故事，增加自己的写作灵感。

就像我在前面章节提到的那样，我的读者朋友中有一位入殓师，从她那里我听到了很多关于生死的故事。后来我还出了一个入殓师系列，被正常推荐的每一篇文章都毫无例外的数十万阅读量，而这就是私域流量池的意义。

经营私域流量池也需要花费精力，在将真爱粉聚拢在一个社群后，作者要定期分享心得感悟，可以用定期分享读书经验和写作心得的方式，来激发读者们的兴趣和信心，做好社群维护。只有这样，私域流量池才能在后期带货和开设新账号时，发挥变现和引流的作用。而当真正打造完成私域流量池的时候，你会发现，写作变现变得轻而易举。

🖋 关于写作，你还要有这3个心理准备

就在筹备《爆文写作的9大变现技巧》这本书的过程中，有以前的学员在微信上问我什么时候开新课，学员说："没有老师监督和定期答疑解惑，感觉自己没有动力坚持写下去。"我回了他一句话："如果做不到坚持两个字的话，那就不要写了。"

其实大部分人对写作培训已经很反感了，良莠不齐的培训质量、鱼龙混杂的培训讲师，让越来越多花了钱的写作者们有了受骗的感觉。但如果将这样的"受骗感"一味怪在写作训练营上的话，那也有失偏颇。因为从我的亲身经历来看，一期学员中能有20%的作者坚持跟着课程学习下来已经是难能可贵了。大部分作者对写作训练营的期待是："我花了钱，老师教我一套万能模板，然后我就可以投稿必中，篇篇爆文。"而这无异于痴人说梦。

我一直在强调：写作是一个回报周期长，而且很孤独的行业。更重要的是，写作是没有捷径可以走的，那些敢说能为你提供万能模板的写作训练营都是在收智商税。如果你真的打算踏上写作这条路的话，那么请你一定要有以下3个心理准备。

1. 做好至少 3 个月毫无收获的准备

我记得自己第一次开课，是三堂试水的免费公开课。有新手作者在听完第一堂课后就私信我说："你说你写了半年千字 10 元的小说，这种蝇头小利也赚，格局好小哦。"

看到这样的私信，我连生气的冲动都没有，但我知道，这位作者接下来的写作路是走不下去了。他不知道的是，当我接到千字 10 元小说这一写作任务的时候，跟自己第一次签约出版合同一样激动，因为在那之前的几个月时间里，我没有靠写作变现一分钱，即便是千字 10 元，那也是我写作变现开始的第一步。

不要被写作训练营文案上那句"轻松月入过万"洗脑，靠写作月入过万元的人真的不多。当你打算踏上写作这条路的时候，一定要做好至少 3 个月毫无收获的准备。在这 3 个月里，也许你为了写作熬夜到凌晨一两点，也许你因为写作而招致身边人的不理解甚至嘲讽，但请你一定要坚持下去，因为他人的嘲讽不会因为你的放弃而停止，只会在你真正做出成绩的时候，那些看客们才会闭嘴。当鲜花和掌声一起向你涌来的时候，你会感谢那几个月里自己默默无闻地付出和努力。

2. 把写作当成你的兴趣爱好，而非赚钱副业

如果你的写作初衷是为了表达内心想法，那么我想对于能否

通过写作赚取稿费，你一定不那么在意；而如果你的写作初衷是为了发展一个赚钱副业的话，那么接下来我说的话，希望你牢牢记住。

年幼时的林清玄也曾面对父亲的不理解而暗暗发誓，将来要靠写文章来养活自己。所以，想要靠着自己写出来的文字赚钱一点也不丢脸，相反，这是一件很值得骄傲的事情，因为大部分人是做不到的。

不过，我不建议新手作者在刚开始接触写作的时候，就带着要赚钱的功利思想去对待写作。因为功利带来的后果就是，当你发现尝试几次却一无所获之后，你会对写作彻底丧失兴趣。无论你是否真正对写作感兴趣，当你选择走上写作这条路的时候，就一定要努力让写作变成你的兴趣爱好，发自内心地热爱写作，而后在日积月累的过程中，你才能实现靠着码字来赚钱，让写作真正变成你的赚钱副业。

更重要的是，不要全职写作。即便是你热爱写作，也不要全职写作。因为当一个兴趣爱好变成你的工作时，终有一天你会厌倦这个爱好。而且全职写作带来的压力也很大，也许你今天靠着一篇爆文日入上千元，但是接下来的几天时间里你都颗粒无收，这是很常见的事情，也同样是折磨人的事情。当兴趣爱好变成你的煎熬时，你确定自己还能心平气和地对待写作吗？

3. 你一定要努力，但千万别着急

《爆文写作的 9 大变现技巧》是一本写作指导书，但在这本书的最后一节，我还是想跟每一个看过这本书的写作爱好者们说一些心里话。

我并不是一个有着写作天赋的人，直到现在写这本书的时候，也不算是一个成功的写作者。但所有新手作者走过的弯路我都走过，所有新手作者遇到的困惑我也都遇到过，我并不是一个新手作者遥不可及的目标，而是他们只要努努力，踮起脚尖就能碰到的目标。

几年前简书大火的时候，有一句文案非常流行："你一定要努力，但千万别着急。"也许你正面对的生活一片狼藉，想要靠着写作增加收入；也许你正处于人生的最低谷，想要靠着写作抒发心声；也许你正茫然不知未来该往何处走，想要靠着写作来寻找共鸣者……激发你写作的因素很多，但无论如何，请你一定要坚持不懈地努力下去。

演员黄渤曾在接受采访时半开玩笑地说道："等你强大起来的时候，你会发现身边全是好人。"等你真正有了一定写作实力的时候，你会发现，爆文、约稿、出版等一系列你曾经想都不敢想的事情，都会主动找上你，你甚至有了挑选的权力。

但无论你日后走到怎样的高度，都请牢牢记住你的来时路，

就像我这辈子也不会忘记 2017 年刚毕业那会儿写的千字 10 元小说，也希望大家永远保持谦逊的姿态，认真对待生活，认真对待写作，走好人生的每一步。

你一定要努力，但千万别着急。